HOMELIE XXX.

SUR

LA PATIENCE DE JOB.

Par M. le Curé de S. Sulpice de Paris.

A PARIS,

Chez RAYMOND MAZIERES, ruë S. Jacques, prés
la ruë de la Parcheminerie, à la Providence.

M. DCCIX.

AVEC APPROBATION ET PRIVILEGE DU ROY.

HOMELIE

SUR

LA PATIENCE DE JOB.

'EGLISE nous propofant dans l'Office de ces deux femaines les fouffrances du bienheureux homme Job , mes chers Freres , nous met dans l'engagement d'en inftruire & d'en édifier à fonds vôtre pieté : car , ainfi qu'obferve faint Gregoire , les Saints dont il a plû à Dieu de nous conferver l'hiftoire, & qui fe font élevez l'un aprés l'autre dans le Ciel de l'Eglife, doivent être regardez comme des Aftres brillans dont les differentes vertus, comme autant de rayons lumineux, ont éclairé fucceffivement les tenebres du Genre humain : Tel a été le jufte Abel par fon innocence ; Enoch par fa pureté ; Noë par fon efperance ; Abraham par fon

***   L l ij

obéïssance ; Isaac par sa chasteté conjugale ; Jacob par sa vie laborieuse, Joseph par sa charité fraternelle ; Moyse par la douceur de son gouvernement ; Josué par sa haute confiance en Dieu. *Ad ostendendam innocentiam venit Abel : ad docendam munditiam venit Enoch ; ad insinuandam longanimitatem venit Noë ; ad manifestandam obedientiam venit Abraham, &c.* Enfin Job a paru pour faire éclater la patience dans les adversitez : *Ad ostendendam inter flagella patientiam venit Job :* Sa pieté fut d'autant plus rare, qu'il nâquit dans la Gentilité, que sans le secours des lumieres de la Loy, il surpassa un nombre infini de ceux qui vivoient sous la Loy : *Homo gentilis, homo sine lege ad medium adducitur, ut eorum qui sub lege sunt pravitas confundatur ;* & que mélé parmi les pecheurs, il ne contracta point les soüillures du peché : car si être bon avec les bons, ne laisse pas d'avoir son merite, que sera-ce d'être bon parmi les méchans ? *Neque enim valdè laudabile est bonum esse cum bonis, sed immensi est præconii bonum etiam inter malos extitisse.* D'où vient que ce n'est pas un mediocre éloge pour ce saint Homme, de ce que ses freres ayant eu pour luy l'inhumanité des dragons & des autruches, il les avoit neanmoins toûjours aimez comme ses freres : *Frater fui draconum, & socius struthionum.* Que Loth est loüé pour avoir été pur au milieu de Sodome ; l'Evêque de Sardes pour être fidele au milieu du siége de Sathan ; que saint Paul ordonne à ses Disciples de reluire au milieu des pecheurs, comme des étoiles au milieu de la nuit ; & que l'Eglise est comparée à un Lis au milieu des épi-

nes. Telle eft la doctrine de ce même Pontife. Que
Sidon, ajoûte-t-il, toute bâtie qu'elle eft fur la terre
ferme, rougiffe de voir la mer d'elle même fi incon-
ftante, plus ftable qu'elle dans le bien, & plus affer-
mie au fervice du Seigneur : *Erubefce Sidon, ait mare,* ^{Lib. 1. in.}
quia ex vita fæcularium confunditur actio religioforum : C'eft-
à dire que ceux qui font dans le monde par engagement, confondent quelquefois par leurs actions
exemplaires, ceux qui font profeffion de n'être plus
du monde par état.

Au refte l'Ecriture nous découvre tellement les
glorieux faits des Juftes contre les vices, qu'elle ne
nous cache point leurs foibleffes dans les tentations,
afin que nous reprefentant dans leurs victoires ce que
nous avons à imiter, elles nous faffe auffi connoître
dans leurs chûtes ce que nous avons à craindre, *ut*
& in victoria fortium quod imitando arripere, & rursùm
videamus in lapfibus quid debeamus timere. Ainfi Job nous
eft reprefenté, comme s'étant affermi dans la vertu,
malgré l'orage de la tribulation ; David, comme
ayant été renverfé dans le peché par la violence de
la tentation : *Ecce enim Job defcribitur tentatione auctus,*
fed David tentatione proftratus ; afin que nous puiffions
dans ce double exemple, & des motifs d'efperance
dans la fidelité de celui là, & des motifs de crainte
dans la fragilité de celui-cy ; que nous joignions enfemble, & la fermeté d'un Jufte qui ne tombe jamais, & l'humilité d'un pecheur qui tombe à toute
heure ; *ut & majorum virtus fpem noftram foveat, &*
majorum cafus ad cautelam nos humilitatis accingat : &

qu'étant élevez par les uns & reprimez par les autres,
nous évitions le double écüeil & de la presomption,
& du découragement : *ut audientis animus illinc spei fi-*
duciâ, hinc humilitate timoris eruditus, nec temeritate superbiat, quia formidine premitur, nec pressus timore desperes,
quia ad spei fiduciam virtus exemplo roboratur.

Qu'il est beau d'observer icy avec saint Augustin,
que Dieu dans l'ordre de sa providence a voulu que
non seulement tout le peuple Hebreu fût par son état
comme le grand Prophete de Jesus-Christ promis, *ut*
non solùm ille aut ille homo, sed universa ipsa gens, totumque
regnum Propheta fieret Christi, Christianique regni. Quandoquidem ipsum regnum magnus Propheta fuit : in eo populo regnum & sacerdotium prophetia erat venturi Regis & Sacerdotis. Totumque illud regnum gentis Hebræorum magnum
quemdam, quia & magni cujusdam fuisse Prophetam ; mais
encore que tout le détail & du Regne & du Sacerdoce
ancien, & même que la vie de chaque Patriarche en
particulier, fût un crayon & une expression de ce divin Sauveur si attendu, ou plûtôt une portion de ce
bien uiversel, dont la participation les a rendu bons ;
& que le Chrétien éclairé tirât de cette haute Theologie une science savoureuse dans la pieté, & un affermissement solide dans la foy. Car qui ne sera consolé, continuë ce Pere, de voir representé dans le septiéme jour du repos du Seigneur, le repos éternel de
Jesus-Christ, après les travaux de sa vie laborieuse ;
dans le meurtre d'Abel par son frere, la mort de ce
divin Sauveur par les Juifs; dans l'Arche & le déluge,
le mystere de la Croix, & le Sacrement du Baptême ;

dans la colombe portant fur le foir le rameau d'oli-
vier, la réconciliation du genre humain avec Dieu
par le S. Efprit ; dans le mélange des animaux mon-
des & immondes dans l'Arche , le mélange des bons
& des mauvais dans l'Eglife ; dans limpiete de Cham
fe mocquant de fon Pere affoupi dans fon tabernac-
cle , le mépris du Juif voyant Jefus-Chrift endormi fur
la Croix dans fa chair mortelle : enfin, qui ne voit, &
qui ne reconnoît ce divin Sauveur dans l'obéïffance
d'Abraham facrifiant fon Fils ; dans le belier immolé
ayant la tefte entourée d'épines ; dans Jofeph vendu
par fes freres, & dans un nombre infini d'autres figu-
res myfterieufes ? en effet , comme l'arc-en-ciel de fon
éclat lumineux qui n'eft qu'un rejailliffement de la lumiere du Soleil, illumine les nuées ; ainfi continuë ce
faint Docteur J.C. vrai Soleil de Juftice illumine de fa
fplendeur les nuées fombres de la Loi ; & lire les Pro-
phecies , fans y voir J. C. dépeint , n'eft autre chofe
que de voir un nuage épais fans iris, c'eft-à dire fans
le figne brillant de nôtre reconciliation avec Dieu : Et
ce font ceux qui voyent fa gloire refplendiffante dans
l'ancien Teftament, lefquels auront veritablement
part à l'alliance de Dieu avec les hommes, & à la pro-
meffe de ne pas périr par le déluge : *quod teftamentum po-*
fuit Deus inter fe & homines atque omnem animam vivam ,
ne perdat eam diluvio , arcum qui apparet in nubibus , qui
numquam nifi de fole refplendet. Illi enim non pereunt diluuio ,
qui in Prophetis & in omnibus divinis Scripturis tanquam in cœ-
li nubibus agnofcunt Chrifti gloriam ; ce font ceux qui dans
ces facrifices anciens où l'on offroit une chair & un fang

Cont. Fauft,
L. 12. c. 12.

qui ne poſſederont point le Royaume de Dieu, voyent en eſprit la chair & le ſang adorable de la Victime ſainte immolée à la Croix, & obtenant le pardon des pechez ſortis de la chair & du ſang, dont l'ardeur de la charité repreſentée par le feu exterieur qui brûloit ces victimes groſſieres, & les changeoit en flamme, figuroit l'amour de Jeſus-Chriſt conſommé dans ſes Saints, qui brûlera ce qu'il y a de terreſtre & de mortel en eux, & qui les transformera en une flamme toute celeſte & en un être ſurnaturel, leur conferant des qualitez toutes divines. *Cujus ſacrificii promiſſivas figuras in victimis animalium celebrari oportebat, propter commendationem futuræ carnis & ſanguinis, per quam unam fieret remiſſio peccatorum de carne & ſanguine contractorum, quæ regnum Dei non poſſidebunt, quia eadem ſubſtantia corporis in cæleſtem commutabitur qualitatem, quod ignis in ſacrificio ſignificabat.*

Cont Fauſt. L. 22. c. 17.

C'eſt de ces pieuſes & ſçavantes reflexions priſes de S. Auguſtin que S. Gregoire a conclu qu'il a été néceſſaire que le bienheureux homme Job qui publioit par ſes paroles le grand myſtere de la redemption, figurât auſſi par ſes actions celui qu'il annonçoit prophetiquement par ſes énigmes, ſelon qu'il s'exprime lui-même ; qu'il marquât par les tribulations qu'il a ſouffertes, les tribulations que ſon Sauveur devoit ſouffrir, & qu'il publiât par avance le Sacrement de la Paſſion de Jeſus-Chriſt avec d'autant plus de verité, qu'il le prédiſoit non ſeulement par ſa doctrine, mais de plus par ſes douleurs. Sur quoy il eſt à propos de remarquer avec ce même Pere que tous les hommes étant pecheurs, nul d'eux ne peut être

exempt

exempt de souffrance : mais que leurs souffrances naissent de quatre sources differentes, & leur arrivent, ou pour les punir de leurs pechez : telles furent celles d'Antiochus qui souffroit des tourmens dont il ne devoit pas être soulagé : *orabat autem hic sceleftus* 2. Mac 9 12
Dominum, à quo non esset misericordiam consecuturus: ou pour les corriger de leurs pechez, & les leur faire expier : & c'est ce que nous insinuë ce malade, à qui le Sauveur dit : Voilà que vous avez recouvré la santé, allez, & ne pechez plus, de peur qu'il ne vous arrive un second mal pire que le premier : *ecce sanus factus es, jam noli pec-* Joan. 5 14
care, ne deterius tibi aliquid contingat: ce qui marquoit que ses pechez précedens avoient exigé de la Justice divine qu'il fût puni de la sorte, afin qu'il eût lieu de se corriger : ou pour les empêcher de pecher ; ainsi l'Apôtre étoit affligé par un Ange de Satan, de peur qu'il ne se laissât aller à la vaine gloire, *ne magnitudo revela-* 2. Cor. 12. 7.
tionum extollat me, datus est mihi stimulus carnis, Angelus Satanæ qui me colaphiset. Ou enfin, pour les éprouver, & les couronner, ainsi qu'il paroît en Job : & c'est aussi la doctrine de saint Augustin, *in alium permittitur ad* In Pf. 29.
pœnam ; in alium permittitur ad probationem ; in alium permittitur ad coronam. Or comme les amis de ce Juste affligé ne comprenoient pas cette haute spiritualité, ils se persuaderent qu'il étoit pecheur, parce qu'il étoit malheureux ; mais leurs contradictions ne servirent qu'à épurer sa sagesse ; & la douleur qu'à faire triompher sa foy : *per vulnera quippe probatur ejus patientia,* Præf. C. 5.
per verba verò exercetur ejus sapientia, dit S. Gregoire. Que l'ennemi ne s'enorgüeillisse donc point de l'avoir

* * *	Mm

frappé, continuë le même Pere, *non triumphet inimicus,
quia ipse ferit.* Il ne doit s'attribuer que la malignité d'a-
voir voulu nuire, & c'est le Seigneur seul qui lui a donné le pouvoir d'éprouver cet innocent. *Diabolo tribua-
tur nocendi voluntas, Domino meo probandi potestas.*

PREMIERE CONSIDERATION.

Quoique les tentations du demon soient toûjours
à craindre par elles-mêmes, il est certain qu'elles le sont
encore davantage, quand cet esprit malin, nommé à
bon droit par les Saints Peres, un tissu, ou plûtôt un ou-
vrier de mille artifices, *milleartifex*, joint à la violence
du lion, la finesse du serpent, *leo apertè sævit, draco occul-
tè insidiatur,* dit saint Augustin, & que dans le partage de
ses suggestions diaboliques, il observe de l'ordre & de
la méthode, les faisant aller les unes aprés les autres,
afin que s'il ne peut nous supplanter par un endroit, il
puisse nous renverser par un autre : souvent, dit saint
Gregoire, au vent impetueux de la colere, il fait succe-
der le feu de la luxure : *cùm furor abcesserit, mox luxuria de-
vastat :* & quand on a méprisé la luxure, il suscite contre nous la superbe ou la vaine complaisance de cette
victoire : *elatio protinus quasi de continentiâ subrogatur.* Quelquefois il s'efforce de nous effrayer par de vaines terreurs, & quand il voit qu'on les méprise, il affecte de
paroître affoibli, afin d'endormir nôtre vigilance : *ut
cùm superbus videri desierit, duplex effici non pertimescit.*
Enfin, par un dernier effort il réünit ses troupes ensem-
ble, tâchant par la multitude des tentations qu'il fait

agir toutes à la fois , de triompher de ceux qu'il n'a pû
surmonter par des tentations separées.

Telle fut la methode dont ce violent & artificieux
ennemi se servit pour ébranler la constance de Job :
car en premier lieu, le voyant riche, & grand selon
le siécle, *vir magnus inter omnes Orientales* , il crut l'é-
tonner en luy ravissant tout d'un coup les biens du
monde : ensuite le trouvant à l'épreuve de cette dis-
grace, il le frapa par la mort desastreuse de tous ses
enfans; & voyant que tant de pertes ne le portoient
qu'à benir Dieu, il affligea son corps d'un douloureux ulcere , esperant par tant de coups redoublez
fatiguer sa patience : mais ayant trouvé la forteresse
de son cœur inexpugnable au dehors, il suscita au de-
dans l'impieté de sa femme , les contradictions de ses
amis, & la revolte interieure de ses passions , pour le
porter au murmure, au blasphême , & au desespoir.

Toutes ces reflexions sont du grand saint Gregoire :
quia enim in saculo potentem vidit , damnis substantiæ eum mo- Præf. C. 4.
veri credidit, quem non concussum ex filiorum morte pulsavit;
videns autem quia ad augmentum divinæ laudis etiam ex vul-
nere crevit orbitatis , petivit feriendam salutem corporis , &c.
Itaque exteriùs, quasi ariete constituto, murum civitatis istius
tot ictibus percutit, quot vicibus adversa nunciavit , &c. Sed
in his omnibus mansit mens imperterrita , stetit civitas incon-
cussa , &c.

Mais on ne peut passer les paroles dont Dieu se servit pour interroger Satan, sans en tirer de grandes instructions, selon le même Pere : car en luy demandant
d'où il venoit, *undè venis ?* c'est comme s'il luy eût dit :

as· tu oublié quelles mains adorables t'ont forti du
neant? quel être excellent tu en avois reçû? en quel degré de bonheur tu avois été créé? à quel haut point de
gloire tu étois deftiné? *undè venis?* d'où viens· tu? quelle
chûte as-tu faite? quelle route égarée as· tu prife? quel
chemin as-tu tenu? qu'és tu devenu à prefent, & d'où
viens tu? *undè venis?* Non que le Seigneur ignorât d'où
il venoit, mais parce qu'il improuvoit les voyes qu'il
avoit fuivies, & qu'il eft dit ne fçavoir pas ce qu'il con-
damne : C'eft ainfi qu'il dira aux reprouvez : Je ne vous
connois point ; je ne fçais qui vous êtes : *nefcio vos* : je
ne vous ai même jamais connus ; *nunquam novi vos:* C'eft
auffi en ce même fens que Dieu difoit à Adam devenu
pecheur : Adam où êtes-vous? *Adam ubi es?* en quel état
êtes- vous réduit? & à Caïn : où eft vôtre frere Abel? *ubi*
eft Abel frater tuus? Car felon faint Gregoire, *nefcire enim*
Dei, reprobare eft : quid eft ergo ad Satan dicere, undè venis?
nifi vias illius quafi incognitas reprobare?

   A quoy Satan repartit : *circuivi terram, & perambulavi*
eam : j'ay fait le tour de la terre, & je l'ay parcouruë d'un
bout à l'autre : quelle faftueufe réponfe dans une telle
humiliation ! Car pour du Ciel, il n'en parle plus, portant avec luy fon ancienne condamnation : Tu te traî-
neras fur la terre, *fuper pectus tuum gradieris.* Mais que
cherche- t-il par tant de circuits, de tours & de détours,
par cette inftabilité perpetuelle? il cherche un repos
qu'il s'étoit promis de trouver dans l'independance de
fon Souverain, & dans la joüiffance de fa propre liberté: il cherche du repos, & il n'en trouve pas : *quærit re-*
quiem, & non invenit : ah, quelle chûte a-t-il fait, & dans

Ibid. L. C.
3.

quel labyrinthe d'égaremens s'est-il engagé! celui qui refusa de s'asseoir dans le Ciel, est réduit à ramper continuellement, & avec peine sur la terre, lieu de fatigue & de lassitude : *solet per gyrum circuitus laboris anxietas* Mor. L. 2.
C. 3. *designari : Satan ergo laborans, terram circuivit, quia in coeli culmine stare contempsit ; perambulans ergo terram circuivit, quia malitiæ suæ pressus gravedine foras ad gyrum laboris venit,* dit saint Gregoire. Voilà donc ce vieux serpent réduit à se roûler sur la terre, mais son impieté n'en est pas moindre ; il ne craignoit point autrefois d'accuser le Createur de mensonge, lors qu'il dit à nos premiers parens, qu'ils ne mourroient point mangeant du fruit défendu, nonobstant que Dieu les eût asûrez du contraire, *morte moriemini :* il ose bien à present l'accuser d'ignorance, en disant avec fierté qu'en vain on donnoit des loüanges au merite de Job & qu'il ne recónoissoit en lui, pour toute vertu qu'une crainte servile & qu'une devotion interessée; *numquid Job frustra timet Deum?* en preuve dequoi s'il vouloit luy permettre de tenter ce prétendu Juste, il feroit bien voir à Dieu qu'il n'étoit pas tel qu'il le publioit ; *& videbis nisi in faciem benedixerit tibi.* Comme s'il eut penetré par sa lumiere ce que Dieu ne penetroit pas par la sienne : mais le Seigneur pour confondre le démon, le lui ayant permis, fit bien voir l'aveugle arrogance de ce presomptueux tentateur, qui ne sçavoit pas, ainsi qu'il le croyoit, jusqu'où alloit la vertu de Job, dont Dieu qui en étoit l'auteur connoissoit infiniment mieux que le démon la force & l'étenduë : de sorte qu'on peut dire aprés saint Grgoire que ce combat ne se rendoit pas

M m iij

en quelque façon tant entre Satan & Job, qu'entre Satan & le Seigneur: *inter Deum itaque & Diabolum Beatus Job in medio materia certaminis fuit.* Mais ce qui augmenta tout enfemble l'humiliation & la colere du démon, fut l'interrogation que lui fit le Seigneur : as-tu confideré mon fidéle ferviteur Job, cet homme fimple & droit qui craint Dieu, qui fe retire du mal, & qui malgré les afflictions dont je t'ay permis de l'exercer, conferve encore fon innocence, & me bénit au milieu des fouffrances ? car ces témoignages d'eftime, & ces éloges donnez à la vertu de Job, furent infupportables à cet efprit orgüeilleux & jaloux, parce qu'il crût y voir un mépris qu'on faifoit de luy, & un fecret reproche de fa perfidie, de ce qu'un homme fragile & mortel, parmi les miferes & les tentations de cette vie, & malgré les tribulations dont le démon l'avoit affligé, demeuroit fidéle à Dieu, & inébranlable dans fa crainte, tandis que Satan dans le Ciel, heureux & exempt de peines, & d'une nature bien plus forte, s'étoit laiffé aller, fans autre tentateur que lui-même, à la plus noire & à la plus déteftable des apoftafies : car toutes ces chofes font comprifes dans cette interrogation qui renferme également la condamnation & de l'orgüeil & de l'impieté du démon : auffi ne fervirent-elles qu'à exciter fa rage pour perfecuter plus cruellement ce faint homme: *numquid confiderafti fervum meum Job?*

Et voicy comme il s'y prit : le démon, cet artifan de douleurs, auffi malfaifant, que fçavant & rufé dans l'art de tenter les hommes, fçachant bien que fes traits font d'autant plus capables d'ébranler les plus fermes,

qu'ils font imprévûs, *minus jacula feriunt quæ præviden-
tur*, dit faint Gregoire; & qu'au contraire ils font foi-
bles, quand ils nous trouvent preparez à les repouffer,
& munis du bouclier de la prévoyance, *fi contra hæc per
præfcientiæ clypeum munimur*; il attaqua vivement Job,
lorfqu'il s'y attendoit le moins. Quand d'une part, difoit ce faint Homme, je me fouviens de ma profperité
paffée, & que de l'autre je regarde ma mifere préfente,
je tombe dans une confternation dont je ne reviens
point : *ego ille quondam opulentus repente contritus fum.* Car
dans les circonftances de ma vie où je me croyois le plus
à l'abri des difgraces, & que je me promettois un repos
plus durable & plus affûré, la tempefte eft venuë fondre fur moy, avec tant de vehemence & de prompti-
tude, que je fuis devenu en un moment un fpectacle
d'horreur à tout le monde ; *& pofuit me quafi in fignum.* Je
m'étois flaté de la douce penfée que je finirois tranquillement mes jours dans ma maifon, couché dans mon
lit, & environné de mes chers enfans, en qui je m'at- *c. 29. 18.*
tendois de revivre aprés ma mort, & de me multiplier
comme le palmier en leur pofterité : *dicebamque in nidu-
lo meo moriar, & ficut palma multiplicabo dies.* Mais helas !
ces belles efperances fe font envolées : au lieu des biens
que j'attendois, des maux infinis m'ont affailli, *ex-* *c. 30, 26.*
pectabam bona & venerunt mihi mala : au lieu de la lumié-
re que j'efperois, les tenebres m'ont enveloppé : *præ-
ftolabar lucem, & eruperunt tenebræ.*

Cette fi foudaine irruption, & qui reffembloït plus
à des châtimens que méritent les pecheurs, qu'à des
épreuves qui purifient les Saints, exerçoit d'autant plus

la foy de ce Juste affligé , que plein de confiance en la bonté du Seigneur, il se flatoit d'en recevoir des récompenses. Qui le croiroit,ajoûtoit-il,toutes ces disgraces sont venuës fondre sur moy sans que je sçache me les être attirées par aucun crime , & lorsqu'avecdes mains p ures j'offrois à Dieu le sacrifice d'une humble priere :

C. 14. 18. *hæc passus sum absque iniquitate meâ manus ,cum haberent mundas ad Deum preces.* J'étois regardé comme le pere des pauvres , & j'examinois avec un soin infatigable les affaires les plus embroüillées pour rendre justice à

C. 29. 16. l'innocent. *Pater eram pauperum, & causam quam nesciebam diligentissimè investigabam.* Mon plus continuel emploi n'étoit autre que de secourir les personnes délaissées,de servir d'œil à l'aveugle , & de pied au boiteux ,

Ibid. *oculus fui cæco & pes claudo* & l'amour de la justice me tenoit lieu du plus bel ornement & du plus brilant diade-

Ibid. me : *justitia indutus sum , & vestivi me sicut vestimento & diademate judicio meo.* J'étois le refuge assûré & le prote-cteur déclaré des miserables; les benedictions de la veuve & de l'orphelin, dont j'avois été la consolation & l'appui , retentissoient sans cesse à mes oreilles : & le malheureux secouru à propos , publioit par tout mes loüanges : *auris audiens beatificavit me , eo quod liberassem pauperem vociferantem, & pupillum cui non erat adjutor,benedictio perituri super me veniebat , & cor viduæ consolatus sum.* Je compatissois aux douleurs des affligez, & je mélois mes larmes avec les leurs : *flebam super eo qui afflictus erat, & compatiebatur anima mea pauperi ;* je ne mangeois point mon pain seul, je le partageois avec le famelique: *si comedi buccellam meam solus , & non comedit pupillus ex ea.*

La

La laine de mes troupeaux fervoit autant à réchaufer le corps de celui qui periffoit de froid , qu'à me couvrir moi-même , *fi defpexi pereuntem eo quod non habuerit indu-mentum, & abfque operimento pauperem: fi non benedixerint mihi latera ejus , & de velleribus ovium mearum calefactus eft.* Ma maifon étoit un hofpice toûjours ouvert au pauvre pelerin & au voyageur fatigué : *foris non manfit pere-grinus , oftium meum viatori patuit.* Je ne refufois point d'écouter les plaintes de mes domeftiques & de mes efclaves; je leur permettois d'alleguer leurs raifons pour juftifier leur conduite , & je les traitois plûtôt en pere qu'en maiftre , fçachant bien que nous avons tous un Seigneur commun qui nous jugera fans acception de perfonne : car autrement que ferois-je , quand le Seigneur viendra juger la terre , & quand il m'interrogera , que luy répondrois - je ? *fi contempfi fubire judicium cum fervo meo , & ancillâ meâ : quid enim faciam , cùm Dominus ad judicandum venerit , & cum inierrogave-rit , quid refpondebo illi ?* loin de me laiffer feduire à la beauté de la femme lafcive , ou d'être affez malheureux pour méditer un adultere , crime deteftable devant Dieu : *fi deceptum eft cor meum fuper muliere:* j'avois fait un pacte avec mes yeux de ne jetter jamais, pas même un feul regard fur une vierge , & je m'étois interdit jufqu'à la moindre penfée là-deffus : *pepigi foe-dus cum oculis meis , ut ne cogitarem quidem de virgine ;* car je peux dire avoir toûjours fenti comme gronder fur ma tefte les flots de la crainte de Dieu , qui femblables à des mers orageufes , me rempliffoient de terreur & d'effroy : *femper enim quafi tumentes fuper me fluctus ,*

*** N n.

Deum timui. Quelle fut donc la furprife de ce faint homme , quand tout d'un coup il fe vit accablé d'un nombre infini d'adverfitez, qui femblables à des torrens impetueux , qui ont rompu leurs digues , vinrent fondre inopinément fur luy : *quafi rupto muro , & apertâ januâ irruerunt fuper me , & ad meas miferias devoluti funt.* Icy ne pourroit-on pas dire que cet homme , autant prophetique par fon état que par fes paroles , en s'accoûtumant de longue main à fentir les afflictions des autres par la compaffion qu'il en avoit , fe difpofoit à foûtenir patiemment les fiennes propres quand elles arriveroient: & que devenu plus fort que ceux qu'il avoit confolez dans leurs peines, il fe préparoit par là peu à peu à porter fes propres peines fans être confolé de perfonne, & fans trouver quelqu'un qui lui fût ce qu'il avoit été aux autres. Venons aux efforts & aux artifices dont le démon fe fervit pour détruire ces heureufes difpofitions.

Premiement les tentations dont il attaqua nôtre faint Athlete furent foudaines, nombreufes, grandes, arrivant les unes fur les autres , & coup fur coup , fans luy donner lieu de refpirer , ni de fe reconnoître : car comme Job ne fongeoit à rien moins , un meffager tout hors d'haleine arrive , qui luy dit: vos bœufs labouroient vos terres , & vos âneffes qui étoient pleines paiffoient tranquillement prés d'eux , lorfque les Sabéens venant inopinément, ont tout enlevé , & ont paffé tous vos gens au fil de l'épée , je me fuis fauvé feul de tous pour vous en porter la nouvelle. Cet homme parloit encore qu'un autre arrive , qui dit à Job , le

feu de Dieu tombant fur vos troupeaux , a tout confu-
mé , brebis & pafteurs , moi feul échappe de l'incendie,
je viens pour vous en informer. Celui-cy achevoit de
parler, lorfqu'un troifiéme arriva qui dit à Job , les
Chaldéens divifez en trois bandes fe font jettez fur
vos chameaux qu'ils ont tous enlevez, aprés avoir tué
tous vos domeftiques, excepté moi feul qui fuis accou-
ru pour vous en apporter la nouvelle. Celuy-cy n'a-
voit pas fermé la bouche , qu'un quatriéme meffager
entre qui luy dit : vos fils & vos filles étoient à table
chez leur frere aîné , lorfqu'un vent impetueux s'étant
foudainement levé du côté du defert, a ébranlé la maifon où ils étoient par les quatre coins , la renverfée fur
vos enfans qui ont été accablez fous fes ruines , & ils
font tous morts ; moy feul fuis échapé pour venir vous
avertir de ce malheur.

Pour bien comprendre l'excés de ces calamitez , il
eft bon de confiderer premicrement *leur grandeur.*
Peut-on en imaginer de plus defolantes , foit en elles
mêmes , foit dans leurs circonftances. En fecond lieu ,
le tems où elles arriverent : jamais il n'y en eut où Job
dût moins en attendre, la fanté , l'abondance , l'autorité , la pieté , la paix domeftique, l'amour qu'on luy
portoit , la joye & l'union de fes enfans qui ne fon-
geoient qu'à fe divertir innocemment enfemble ; en un
mot tout paroiffoit le mettre à couvert de l'orage : combien donc un tel revers devoit-il le furprendre ? 3°. *Leur*
multitude , elles étoient nombreufes. 4°. *Leur foudaine*
irruption , elles arriverent coup fur coup , fans luy donner un moment de loifir pour refpirer & fe foutenir.

5°. *Leur gradation*, une mauvaiſe nouvelle encheriſſoit ſur l'autre, & la derniere étoit toûjours plus affligeante que celle qui la precedoit. 6°. *Leur excez*, il ſe vit depoüillé violemment, & en un inſtant de tous ſes biens, & de tous ſes enfans, & reduit dans une extreme miſere ; d'opulent qu'il étoit un moment auparavant. Quelle chûte ! 7°. *Leurs ſuites facheuſes*, car à la douleur des maux preſens la crainte des maux à venir s'y joignit, puiſqu'en luy annonçant que les Chaldéens avoient enlevé & ſes bœufs lorſqu'ils labouroient les terres, & ſes âneſſes lorſqu'elles étoient pleines ; on luy ôta l'eſperance d'en recevoir aucun fruit, & de faire aucune recolte : *ut videlicet memorato fructu operis, cauſa creſcat doloris.* 8°. Enfin, *le défaut de reſource* à tant de pertes, qui toutes étoient humainement irreparables : & c'eſt ainſi, dit ſaint Gregoire, que l'ennemi du genre humain obſerva les conjonctures & les tems convenables pour rendre ſes efforts plus terribles : *neque enim ſolum modo intuetur hoſtis quid faciat, ſed etiam quando faciat.*

C. 1. in p. 1.

A ces tentations exterieures le Demon ne manqua pas d'y en joindre d'interieures, capables d'exciter dans l'eſprit de Job des murmures contre Dieu, ſur qui malignement il vouloit que Job rejettât la cauſe de ſes malheurs : car voicy l'expreſſion qu'il mit dans la bouche d'un de ces triſtes meſſagers : Le feu de Dieu tombant du Ciel, a brûlé vos troupeaux : *Ignis Dei cecidit de Coelo* : comme s'il luy eut dit, ſelon ſaint Gregoire, ne cherchez point d'autre auteur de tous vos deſaſtres, que celuy même à qui vous offriez de continuels sacrifices, & de qui vous deviez attendre d'infinis bienfaits : *Ac si aperte diceret , illius animadversionem* c. 8. l. 2. *sustines , quem tot hostiis placari voluisti :* & sachez que vous étes devenu l'objet de la colere de celuy qui depuis si long-tems a été l'objet de vos adorations & de vôtre culte : *illius iram toleras , cui quotidiè serviens insudabas.* Il suggera au dernier messager de luy donner tacitement à entendre que ce vent impeteux qui renversant sa maison avoit écrasé ses enfans, ne pouvoit venir que du même Seigneur qu'il avoit si fidelement servi, parce que luy seul pouvoit remuer ainsi les élemens; & par consequent qu'il étoit la seule & vraye cause des malheurs dont il se trouvoit accablé : *quia enim notum est quod absque superno motu elementa moveri non possunt , latenter infertur quod ipse contra illum elementa moverit.* De plus le Demon s'efforçant de l'indisposer ainsi contre Dieu , tendoit à le priver de la force & de la consolation qu'un juste affligé trouve dans l'amour & la bonté du Createur , pour se dédommager de l'amertume que luy causent les creatures. *Pia enim mens cum se adversa ab hominibus perpeti conspicit , in divinæ gratiæ consolatione requiescit:* ajoutez à cela que cet artificieux ennemi commença par luy faire annoncer les moindres pertes pour ensuite luy faire mieux sentir les plus grandes , étant visible que s'il eut commencé par luy faire dire la perte de ses enfans, il eut ensuite été moins frapé de la perte de ses troupeaux : parce que n'ayant plus d'heritiers, il se fût moins soucié de la ruine de ses heritages: *quia videlicet nulla esset hæreditas , si illos prius subtraheret qui servabantur hæredes.* Il parta-

N n iij

gea donc ses tentations, il les fit fondre inopinément
sur Job, croyant le prendre au dépourvû, il fit mar-
cher les mediocres devant les plus grandes, il joignit
des suggestions de murmures contre Dieu, capables
de porter un cœur moins affermi, au desespoir, au blas-
phéme, & à l'impieté; & il n'obmit ni effort, ni adres-
se pour donner atteinte à la patience de celuy dont il
s'étoit promis la défaite assurée : *callidè curavit hostis an-*
tiquus jacturâ rerum sancti viri patientiam rumpere, ipsoque
ordine nuntiorum, studens prius parva, & post modum nun-
tiare majora. Mais & les violences, & les ruses furent
également inutiles contre cette forteresse inexpugnable, & l'aggresseur fut repoussé par tout, *sed in his om-*
nibus mansit mens imperterrita, stetit civitas inconcussa: voicy
ce que l'Ecriture nous en apprend. Alors Job se leva,
il déchira ses habits, & ayant razé ses cheveux, il se
jetta par terre, il adora le Seigneur, & dit, je suis sorti
nud du sein de ma mere, & je rentreray nud dans le sein
de la terre : Le Seigneur m'avoit donné des biens, le
Seigneur me les a ôtez: ce qui a plû au Seigneur a été
fait, que le nom du Seigneur soit beni. Ah ! combien
cet homme abbatu par terre, étoit-il élevé au dessus de
la terre, s'écrie saint Gregoire ! *O quam alta sedi præsider*
iste, qui in terra prostratus jacet : Et de quelles sublimes
considerations ne se soutenoit pas dans son malheur,
celuy qui pour supporter patiemment la perte des biens
qu'il avoit possedez, rappelloit dans son esprit le tems
auquel il ne les possedoit pas, *pro servandâ patientiâ il-*
lud tempus ad memoriam reduxit quo necdum ista quæ perdidit
habebat ; qui pour tarir les larmes que pouvoit luy cau-

ser la mort de ses enfans, se remettoit au tems auquel il ne leur avoit pas encore donné la vie, & prévenoit le tems auquel ils la devoient perdre ; *ut dum intuetur quod aliquando illa non habuit, dolorem temperet quod amisit.* Ainsi la pensée de n'avoir pas toujours eu ce qu'il avoit perdu, appaisoit sa douleur de ne l'avoir plus : *magna enim consolatio est in rerum amissione illa tempora ad mentem reducere, quibus nos contigit res quas perdidimus non habuisse.* Car c'est comme s'il eut dit, pourquoy m'affligerois-je d'avoir perdu ce que je n'ay pas toûjours eu ; & que je ne dois pas toûjours avoir : de ne posseder pas ce que je n'ay pas toujours possedé, & ce que je dois cesser de posseder : des biens dont je n'ay pas toûjours été revêtu, & dont je devois être depouillé; que j'avois reçû pour un tems, & que je devois rendre pour jamais : *qui ergo accepta, sed relinquenda perdidi, quid proprium amisi.* Aprés ces vûës tirées de la condition des choses humaines, il en ajoutoit d'autres du côté de Dieu ; de son domaine absolu sur la creature, de sa providence non moins équitable qu'impenetrable ; de l'obligation qu'il avoit de se conformer à la volonté de Dieu dans les adversitez aussi-bien que dans les prosperitez ; d'approuver & de respecter en silence la disposition qu'il plaisoit à Dieu de faire de luy, & de le benir également sous les effets differens de sa misericorde, ou de sa justice. *Dominus dedit, Dominus abstulit ; sicut Domino placuit, ita factum est ; sit nomen Domini benedictum :* Et enfin loin de murmurer contre la conduite rigoureuse que Dieu tenoit contre luy ; il prend le parti, non seulement de ne pécher dans aucune circonstance d'une si rude épreu-

ve, mais même de ne proferer aucune parole mal à
propos contre Dieu : *in omnibus his non peccavit Job la-*
biis, suis neque stultum quid contra Deum loquutus est. Ses cheveux coupez, & ses habits déchirez marquerent qu'il
n'étoit pas insensible, mais sa posture humiliée, & ses
paroles religieuses firent voir qu'il étoit soumis ; mon-
trant de plus par là son esprit de penitence, d'humiliation, & de devoüement, la disposition où il étoit de
sacrifier tout à Dieu, & son détachement même des
biens, & des personnes qui luy touchoient de plus
prés, & qu'il mettoit au rang des choses superfluës
ausquelles il ne tenoit point, quand il falloit les perdre
pour Dieu. Il declara n'avoir point de plus douce consolation dans la perte de ses biens, & la mort de ses enfans, que de sçavoir que le même Seigneur qui les luy
avoit donnez, les luy avoit ôtez : *Dominus dedit, Domi-*
nus abstulit. Car il ne dit pas, comme observe saint Gregoire, que le Seigneur les luy avoit donnez, & que le
Demon les luy avoit ôtez : *non enim ait Dominus dedit,*
Diabolus abstulit : ce qui sans doute luy eut été un tourment plus grand que la perte qu'il avoit faite : *fortasse*
enim fuerat dolendum, si quod Dominus dedit, hostis abstulis-
set : Mais de sçavoir que c'étoit le Seigneur qui l'affli-
geoit, c'étoit pour luy une consolation, & non une
peine : il se soutenoit encore par cette réflexion, que
le Seigneur luy ayant autrefois donné ce qu'il avoit eu,
le Seigneur ne luy avoit rien pris qui ne fût à luy quand
il l'avoit repris, *at postquam non abstulit nisi ipse qui dedit,*
sua recepit, non nostra abstulit : & par consequent qu'il
n'avoit pas sujet de se plaindre, ni même de trouver
mauvais

mauvais que Dieu luy redemandât ce qu'il luy avoit
confié , dont il n'étoit que le depofitaire , & non le
maître : le Seigneur ne pouvant perdre le domaine de
ce qu'il donne , non plus que le creancier de ce qu'il
prête ; *nec injuftus eft creditor , qui præfixo tempore exigit.* S. Gr. hic
Eclairé d'une foy fublime , il reconnut fous fes enne-
mis exterieurs qui le perfecutoient, la main fecrette du
Seigneur qui le frapoit, & il l'adora : *corruens in terram
adoravit.* Et fçachant que Dieu n'ordonne rien que de
jufte , il ne voûlut chercher d'autre confolation dans
fes malheurs , ni d'autre juftice dans fon zele , que de fe
conformer à cette premiere & originale regle de toute
équité ; *magna quippe eft confolatio in eo quod difplicet , quod* id. ibid.
illo ordinante erga nos agitur , cui non nifi juftum placet. Rien
ne luy paroiffant plus injufte que de murmurer contre
la juftice même , toute oppofée qu'elle puiffe être à
nos defirs , quelques juftes qu'ils paroiffent à nos baf-
fes idées : *valde injuftum eft fi de jufta paffione murmuremus.*
En effet quel avantage le Demon retira-t'il d'avoir
perfecuté Job ? Il eft vray qu'il fit mourir fes enfans,
mais il n'en fit en un fens que des Martyrs , puifqu'il
ne les tua qu'en haine de la vertu, de la religion , &
de la foy de leur pere ; & de l'amour que Dieu luy portoit : il les enleva du milieu d'un feftin où ils ne fe nour-
riffoient que de viandes corruptibles , mais ce ne fut
que pour les faire paffer à la table de celuy qui raffafie
fes Elus de fon éternelle verité : il leur fit perdre une
vie temporelle & miferable , mais ce ne fut que pour
leur procurer une vie heureufe & durable à jamais. Il fe
perfuada qu'il les enfeveliroit dans l'oubli ; mais il ne

fit que rendre leur memoire en odeur de benediction
dans tous les siecles : d'ailleurs leur pere ne les perdit
pas par là, & ils ne firent que le devancer dans le repos
des Saints. Aussi l'Ecriture nous dit-elle, qu'aprés que
le tems de la tentation & de l'épreuve de Job fut fini,
Dieu luy redonna le double de tout ce que le Demon
luy avoit ôté ; *per flagellum perdita, ei sunt duplicia reddita,*
excepté de ses enfans, *filii autem tot sunt redditi quot a-
missi :* parce que, continuë ce Saint, ils n'étoient pas
perdus, ils n'avoient fait que changer de lieu, & il
devoit un jour les recouvrer pour ne plus se separer
L. 35. c. 11. d'eux : *ut hi qui extincti fuerant vivere demonstrentur.* Et
il fit perpetuellement voir combien il preferoit l'Au-
teur des dons qu'il avoit reçûs, à ces dons mêmes quelques grands & pretieux qu'ils fussent, dit saint Augustin. *Plus amavit eum qui dederat, quam quod dederat :* Et
qu'il les posseda sans en être possedé ; *possedit, non pos-
sessus est.* Enfin, Job pouvoit-il plus glorieusement cesser d'être pere, qu'en cessant de l'être de cette sorte ?
pouvoit-il faire un plus saint usage de ses biens, qu'en
les perdant en cette maniere ? son Or pouvoit-il luy
donner plus d'éclat en le possedant, qu'il n'en reçut
en le perdant ? Pouvoit-il joüir plus heureusement
des biens de ce monde, qu'en ne les regrettant pas
aprés en avoir été dépoüillé ? O homme Evangelique
avant l'Evangile même, s'ecrie saint Augustin ! O
homme Apostolique avant les Apôtres même ! Tel fut
l'effet heureux des priéres & des sacrifices que Job offroit pour ses enfans, & des efforts inutiles que leur se-
cret persecuteur fit pour les exterminer. Il est vray en-

core que le Demon luy ravit ses biens; mais quels biens?
des heritages terreſtres qu'il avoit reçû de ceux qui
l'avoient devancé, & qu'il eût laiſse à ceux qui l'au-
roient ſuivi: des Palais & des maiſons dont le preten-
du proprietaire n'eſt, aprés tout, qu'un hôte qui paſſe,
& non un maître qui demeure. Que l'homme ne ſe
trompe pas, s'ecrie encore ſaint Auguſtin, *non fallat ſe*
homo : qu'il veüille, ou ne le veüille pas, il n'eſt qu'un
pelerin dans ſon propre heritage, *non ſe fallat homo,*
hoſpes eſt, velit, nolit, hoſpes eſt. J'avoüe que ſes heritiers
luy ſuccederont, mais ce ne ſeront que des nouveaux
hôtes qui prendront la place des anciens, *dimittit do-*
mum filiis ſuis, hoſpes, hoſpitibus. Vôtre pere vous a laiſſé
ſa maiſon, vous la laiſſerez a vos enfans, *ceſſit tibi lo-*
cum pater tuus, ceſſurus es locum filiis tuis : vous ne l'avez pas
habitée pour la garder toûjours, vous la laiſſerez à
des gens qui ne l'habiteront pas toûjours, *nec manſu-*
rus manes, nec manſuris relinquis. En un mot, ce monde
n'eſt qu'une hôtelerie pleine de gens dont les uns arrivent & les autres partent : *receſſio pereuntium, acceſſio*
periturorum. A quoy on peut ajoûter cette excellente
penſée du même Pere, au ſujet des paroles de ſoumiſ-
ſion & de reſignation que profera le ſaint homme Job
aprés que le démon l'eut depoüillé de tous ſes biens.
Dominus dedit, Dominus abſtulit : ſicut Domino placuit ita
factum eſt : ſit nomen Domini benedictum. Le Seigneur
m'avoit donné des biens, le Seigneur me les a ôte : il
en a été ce qu'il a plû au Seigneur : que le nom du
Seigneur ſoit à jamais beni, dit-il. Appellez-vous cela
un homme pauvre? ſçachez qu'il n'auroit pas tant de

pierres precieuses dans la bouche, s'il ne portoit un *in Pſ. 30. cir fin. 1. 3.* treſor ineſtimable dans ſon cœur ; *iſtæ gemmæ non exirent de ejus ore, niſi theſaurum haberet in corde* : qu'il n'auroit pas des paroles ſi pieuſes, ſi ſoumiſes, ſi édifiantes dans la bouche s'il n'avoit un fond inépuiſable de religion dans le cœur. Ecoutons encore le même Saint : nous ſçavons, dit-il, ce que Job a ſouffert ; nous le liſons avec *de Sym. ad. cate.* ſurpriſe, avec étonnement, avec effroi ; *Job quanta pertulerit legitur & horretur, expaveſcitur, contremiſcitur.* Job Saint juſqu'au miracle, dit ſaint Jerôme, *Job uſque ad miraculum Sanctus* ; pour ſe conſoler dans les pertes qu'il avoit faites, & pour appaiſer le murmure impie de ſa femme, ne luy dit point ne nous decourageons pas, le Seigneur peut nous rendre au double ce que nous avons perdu : il n'attend point de recompenſes temporelles, il ne ſe flate point d'un rétabliſſement avantageux ; il n'a recours dans ſes malheurs qu'à cette parole : Le Seigneur m'a donné, & le Seigneur m'a ôté, *Quando Job omnia tolerabat*, dit toûjours le même Pere, *dupla non ſperabat*, *poterat dicere, Dominus poteſt iterum dare qui abſtulit, poteſt plura revocare quam tulit : non hoc dixit ; ſed ſicut Domino placuit, inquit, ita factum eſt.* Ce qui plût au Seigneur, ne deplût point au ſerviteur : *quod placuit bono Domino, non diſplicuit ſervo.* Ce qui fut ordonné par le Medecin, ne fut point rejetté par le malade : *quod placuit Medico, non diſplicuit ægroto.* Il reprocha à ſa femme qu'elle avoit parlé comme une inſenſée, & l'inſtruiſit de cette excellete maxime : Si nous avons reçû des biens de la main du Seigneur, lui dit-il pourquoi n'en recevrions nous pas des maux ? mais il n'ajoûta point,

le Seigneur est puissant, il peut guerir mes playes & reta-
blir ma santé; il peut nous rendre beauoup plus qu'il ne
nous a ôté, *potens Dominus* , *&* *meam carnem in pristinum revocare, & quod nobis abstulit multiplicare.* Il ne voulut point
se soûtenir par de semblables motifs, il ne voulut point
s'animer par de telles esperances , *ista non dixit* , *ista non
speravit* , *ne ista spe illa tolérasse videretur.* Ce fut en vain
que sa femme poussée par le démon, au lieu de le porter à la patience, voulut le porter au blasphême , *vo-
luit mulier diaboli adjutrix* , *non mariti consolatrix persuadere
blasphemiam;* il est vray, continuë saint Augustin, que
Job fut guéri de cette playe horrible , & nettoyé de
cette pourriture dont il étoit tout couvert, & l'Ecriture
nous déclare qu'il recouvra au double toutes les choses
qu'il avoit perduës : & en cela même la foy de la résurrection nous est donnée à entendre ; car ses enfans
ne luy furent point redonnez au double , mais au même nombre que ceux qu'il avoit perdus, *& ei cuncta quæ
amiserat duplicata sunt restituta* , *ubi etiam commendata est resurrectionis fides* , *nam filii non dupli* , *sed totidem redditi* , *etiam
illos quos amiserat resurrecturos significaverant; sic ipsi quoque
illis prioribus juncti* , *à restitutione dupli non inveniuntur alieni.*
Cela faisoit voir que ceux-là même qui étoient morts
lui seroient un jour rendus vivans par la résurrection,
afin que nous n'esperassions point une récompense
purement terrestre, lorsque nous souffrons des maux
temporels. Aussi l'Apôtre saint Jacques ne dit - il pas
seulement à ce propos, vous avez appris quelle a été
la patience & la fin de Job, mais il dit : vous avez appris quelle a été la patience de Job , & vous avez vû

la fin du Seigneur , *ut ergo non talem remunerationem ſperaremus quando mala temporalia pateremur , non ait : ſuſtinentiam & finem Job audiſtis , ſed ait : ſuſtinentiam Job audiſtis , & finem Domini vidiſtis ,* comme s'il diſoit : ſouffrez comme Job les maux temporels , mais ne vous propoſez pas pour le prix de cette ſoufrance , les biens temporels qui furent rendus à Job au double : eſperez plûtôt les eternels que vous avez vû par avance dans la gloire qui a ſuivy les ſouffrances du Seigneur. *tanquam diceret mala temporalia ſicut Job ſuſtinete ; ſed pro hac ſuſtinentia , non temporalia bona ſperate quæ illi auſta redierunt , ſed æterna potius quæ in Domino præceſſerunt.* Ainſi Job couronna tous ſes bons ſentimens par cette élevation à Dieu : que le nom du Seigneur ſoit beni , dit il , *ſit nomen Domini benediſtum :* Cantique de loüange qui couvrit de confuſion le tentateur, voyant qu'un homme infirme beniſſoit Dieu dans les douleurs, au lieu que luy s'étoit revolté contre Dieu dans la gloire. *Ecce omne quod reſtum ſenſit , Domini benediſtione concluſit , ut hinc adverſarius inſpiciat , & ad poenam ſuam viſtus erubeſcat , quia ipſe Domino contumax etiam in beatitudine conditus extitit , cui homo hymnum gloriæ etiam percuſſus dicit.* ainſi celui la même que le demon par ſa malice avoit voulu percer par les traits de la tentation , perça par ſon humilité le demon ſuperbe , & triompha par ſa patience de la cruauté de ce premier meurtrier du monde. Ne croyons donc pas que Job ne fit que recevoir des coups ſans en porter au demon : autant de paroles humbles de ce ſaint homme , furent autant de traits qui le percerent ; & dans ce combat glorieux Job tourmenta plus le demon que le démon ne tourmenta Job. *Superbum hostem humilitate percussit, patientia stravit; ne credamus quod bellator noster accepit & non inflixit vulnera, quot enim voces patientiæ in Dei laudem percussus reddidit, quasi tot in adversarii pectore jacula intorsit, & acriora valdè quam sustinuit, inflixit;* de cette sorte Job remporta tout l'honneur de ce périlleux combat, si capable d'ébranler la vértu la plus affermie, ou de seduire l'esprit le plus éclairé, *Beato Job oris testimonium perhibetur & cordis,* , & ce Juste affligé ne pecha point, ni en se laissant aller a aucun murmure interieur, ni en se permettant aucune parole indiscrete : *in omnibus non peccavit Job labiis suis neque stultum quid contra Deum locutus est.*

SECONDE CONSIDERATION.

C'est donc une doctrine également répanduë dans les Livres sacrez de l'ancien & du nouveau Testament, que lors de la creation des Anges, le premier & le plus élevé d'entre eux, nommé Lucifer, se laissa corrompre à l'orgüeil, voulant s'égaler au tres-haut, se faire adorer comme luy, & s'arroger le honneurs divins ; il fut suivy d'un grand nombre d'autres qu'il attira dans sa revolte, par ses malignes impressions, par son mauvais exemple & par un amour dépravé de l'independance & d'une fausse liberté ; c'est donc luy qui renversa les Anges dans le Ciel, qui séduisit l'homme dans le Paradis terrestre, qui précipita le genre humain dans l'Idolâtrie, qui tenta J. C. dans le desert, & qui persuada aux Juifs de le crucifier & de le faire mourir ;

c'eſt luy qui voulut devorer l'Egliſe naiſſante, ainſi
que ſaint Jean nous le repreſente dans ſon Apocalypſe,
& qui fut enfin lié & enchaîné dans l'abîme aprés la
prédication de l'Evangile, d'où il ne ſortira qu'à la
fin du monde, & lors de la derniere apoſtaſie par l'An-
techriſt, quand de nouveau il ſeduira le genre humain
par des preſtiges ſurprenans, & qu'il tourmentera les
fideles par des ſupplices auſſi terribles qu'inuſitez : *ma-*
ximis inuſitatiſque ſuppliciis, dit ſaint Auguſtin ; c'eſt luy
qui eſt appellé dans 1 Ecriture le prince des démons,
in Principe dæmoniorum ejicit dæmonia ; le Roy de tous les
ſuperbes, *ipſe eſt Rex ſuper univerſos filios ſuperbiæ*, le
grand dragon & le ſerpent ancien, *draco magnus, &*
ſerpens antiquus, & particulierement Diable : *ite maledicti in*
ignem æternum qui paratus eſt Diabolo & Angelis ejus. auſſi-
bien que Satan, *videbam Satanam ſicut fulgur de cælo ca-*
dentem;tous noms qui nous repreſentent la grandeur de
ſa malice, de ſon orgüeil, de ſa cruauté, de ſa haine
& de ſa fureur contre le genre humain. Car quoyque
tous les eſprits malins ſes inferieurs s'efforcent de perdre les hommes, il eſt ſans doute que les tentations
& les perſecutions du premier & du plus méchant d'en-
tr'eux ſont incomparablement plus violentes & plus
dangereuſes que celles des autres, & ce fut lui qui
pour avoir entendu les loüanges que Dieu donna au
ſaint homme Job, plein d'envie & de rage, entreprit
de l'affliger & de le renverſer avec une ferocité qui
n'eut jamais d'exemple : *egreſſus Satan à facie Domini per-*
cuſſit Job. Job ſentoit bien lui même en quelles mains
il avoit été livré, & quel redoutable adverſaire il avoit
à com-

à combattre : Mon implacable ennemi, difoit-il, a réü-
ni toute fa fureur contre moi, *collegit furorem fuum in me;*
il m'a effrayé par fes menaces ; & par fes grincemens
de dents & fes regards furieux, il m'a caufé une terreur
épouventable, *& comminans mihi infremuit contra me denti-*
bus fuis : hoftis meus terribilibus oculis me intuitus eft. Il s'eft
raflafié de mes peínes, tant elles ont été grandes & nombreufes, *fatiati funt pœnis meis :* il a ajoûté playe fur playe,
& il s'eft jetté fur moi avec la ferocité d'un geant, *con-*
cidit me vulnere fuper vulnus, irruit in me quafi gigas. Mais il
faut fuivre le facré texte, & voir par ordre l'hiftoire des
malheurs de Job, & le triomphe de la patience. Satan
à peine forti de devant le Seigneur, frappa Job d'une
ulcere effroyable qui s'étendoit depuis la plante des
pieds jufqu'au fommet de la tête. *Egreffus igitur Satan à*
facie Domini percuffit Job ulcere peffimo à planta pedis ufque
ad verticem ejus. En forte que ce pauvre Prince déja
dépoüillé de tous fesbiens, privé de fes enfans, & aban-
donné de tout le monde, fe vit réduit à s'affeoir fur un
fumier, & à nettoyer le pus qui fortoit de fes playes
avec le tais d'un pot caffé, *qui tefta faniem radebat fedens*
in fterquilinio. Tel fut le cruel coup que Satan porta contre le corps de ce Jufte affligé, & la grandeur des maux
exterieurs dont il l'accabla, aprés avoir eu la permif-
fion de l'exercer & de l'éprouver jufqu'au dégré que
la fageffe de Dieu, qui ne permet pas que nous foyóns
tentez au deffus de nos forces, & qui connoiffoit parfaitement celles qu'il avoit données à fon fidele ferviteur, avoit accordé à Satan. Auffi le demon difant à Dieu
qu'il étendît fa main pour affliger Job, montra vifi-

blement qu'il n'a par lui-même aucun pouvoir de nous tenter, & que le Juste ne peut être persecuté, qu'autant que Dieu le permet ; en effet, Dieu donnant permission au démon de tenter Job, y mit des bornes en lui défendant d'attenter à sa vie, *verumtamen animam illius serva.* Pourquoi donc craindre les tribulations que cause celui qui ne peut rien que ce qu'on lui permet ? car si le Seigneur permit au démon de lui ravir ses biens, il lui défendit de toucher à sa personne, & ensuite s'il lui accorda la liberté d'affliger son corps, il y mit la restriction de ne pas attenter à sa vie ; ce qui nous découvre cette importante & consolante verité enseignée par l'Apôtre saint Paul, que Dieu ne permet pas que nous soyons tentez au de là de nos forces ; que les tentations bien supportées semblables au vent qui en agitant les arbres les enracine plus avant dans la terre, & qui souflant dans les voiles du Nautonnier fait avancer son vaisseau avec plus de vitesse, ne font que nous affermir de plus en plus dans la vertu, & nous procurer de nouveaux progrés dans la perfection ; que le Seigneur qui donne la puissance au tentateur, donne la patience & la force à celui que le démon tente ; *qui dat potestatem tentatori*, dit saint Augustin, *ipse tentato præbet misericordiam* ; que les tentations ont ainsi leur poids & leur mesure ; *ad mensuram permittitur tentare diabolus, quia qui dat potestatem, habet æquitatem*, & qu'il n'y a nulle tentation qui n'ait sa periode marquée ; *nulla ergo tentatio nisi acceperit mensuram à Domino*, nulle tentation qui ne serve à nôtre avancement spirituel, *tantum tentare sinitur, quantum expedit proficientibus, tantum permittitur ille tentare, quan-*

tum tibi prodeſt ut exercearis , ut proberis , & qui ne re-
tourne enfin à la confuſion du tentateur, lorſqu'on lui
reſiſte, ainſi qu'il parut dans l'exemple de Job; de ſorte
que ſuivant ces regles, plus l'adverſaire de ce ſaint
homme fût redoutable, ſes efforts puiſſans, ſes artifices étudiez, ſes coups redoublez, plus devons-nous être
perſuadez de la grandeur des ſecours que Dieu donna
à Job, de ſon affermiſſement, & de ſon progrés dans la
perfection, de ſa récompenſe dans la gloire.

L'Ecriture nous diſant que Satan frappa Job d'un
ulcere tres-méchant, qui s'étendoit depuis les pieds
juſqu'au ſommet de la téte, nous découvre combien
cette playe étoit terrible, & par ſon étenduë occupant
toutes les parties du corps ſans exception, & par ſa
malignité, étant d'une eſpece tres-opiniâtre, *ulcere peſſi-
mo,* & par ſon infection, toute la maſſe de la chair s'é-
coulant en pourriture; ce qui luy faiſoit dire ces triſtes
paroles: ma chair s'eſt couverte de la pourriture comme d'un vêtement, & ma peau deſſechée eſt devenuë
comme une croute d'ordure; *induta eſt caro mea putredine,
& ſordibus pulveris mei, cutis mea aruit & contracta eſt.* Dans
ce déplorable état, continuë-t-il, j'ai dit à la pourriture
& aux vers qui s'engendrent ſans ceſſe dans mes playes
& qui fourmillent ſur moy de tous côtez, qu'ils me te-
noient lieu de pere, de mere, de ſœur, & d'une famille
qui ne me quittoit jamais, *putredini dixi pater meus es, mater
mea, & ſoror mea vermibus:* il ajoûte que la multitude de
cette vermine qui le mangeoit ſans ceſſe, étoit ſi grande, que le vêtement qui le couvroit en étoit tout ron-
gé, & qu'elle lui ſervoit comme d'une eſpece de tuni-

que qui l'envelopoit de toutes parts, *in multitudine eorum
confumitur veftimentum meum, & quafi capitio tunicæ fuccin-
xerunt me,*fans que ce fupplice lui donnât treve ni jour ni
nuit, *& qui me comedunt non dormiunt;*enforte que fes chairs
étant toutes confumées, fa peau étoit collée contre fes
os, & qu'il ne lui reftoitplus que fes lévres & fa langue
lefquelles fans doute le démon ne lui laiffa qu'afin de
le porter „s'il eût pû, à proferer des blafphemes; *pelli
meæ confumptis carnibus adhæfit os meum, & derelicta funt
tantummodò labia circa dentes meos.* Ah Dieu! quel étran-
ge tourment! quel exercice de patience! & fon corps
n'étoit-il pas un fumier plus infect que le fumier même
fur lequel il étoit affis? Mais ce fumier, dit S. Chryfoftome, eft devenu plus refpectable à tous les fiécles,
que ne l'a été le trône de Salomon,puifque celui ci n'eft
celebre que par la chûte funefte, & les vices éclatans
du Roy qui l'occupoit, & que le fumier de Job eft infiniment illuftre par la pieté de ce Prince envers
Dieu, & par les grandes vertus qu'il y fait reluire; auffi
continuë faint Chryfoftome, nous voyons encore au-
jourd'hui un grand nombre de gens aller par devotion
en Arabie vifiter ce lieu fameux des combats de Job
contre le démon, tandis que perfonne ne fe met en
peine d'aller chercher l'endroit où le trône de Salomon étoit placé : *fimus Iob omni tribunali Regio vene-
rabilior, itaque multi nunc longam & tranfmarinam naviga-
tionem à terræ finibus in Arabiam abeunt, & fimum illum
fervant, confpicati terram deofculantur, quia illius victoris cer-
tamina & cruorem omni auro pretiofiorem fufcepit.* Mais con-
tinuons la defcription de fes fouffrances. Il affûre que

les nuits deſtinées pour ſe délaſſer des travaux du jour,
étoient pour lui des tems de laſſitude & de fatigue , *&*
noƐtes laborioſas enumeravi mihi; ſi je me couche, diſoit-il, je
ſouhaite que l'aſtre du jour ſe leve pour me lever avec
luy , & quand il a paru ſur nôtre orizon , ſa lumiere
qui diſſipe les ennuis des autres augmente les miens ; a-
lors plein d'inquietude j'attends la nuit avec impatience, comme ſi elle en devoit être le remede ; & quand
elle eſt arrivée , j'y trouve une ſource de nouvelles peines, *ſi dormiero , dicam : quando conſurgam , & rurſum expe-*
Ɛabo veſperam , & replebor doloribus uſque ad tenebras.
Quand je m'endors pour quelques momens , je fais
des ſonges affreux, & je ſuis tourmenté par des phan-
tômes qui me jettent dans l'épouvante & dans l'effroi,
terrebis me per ſomnia , & per viſiones horrore concuties.
Dans ce triſte état que puis-je faire pour alleger ma
douleur ? car ſoit que je parle , ou que je me taiſe , elle
eſt toûjous égale, & mes plaintes , ni mon ſilence ne
peuvent jamais l'adoucir , *ſed quid agam , ſi locutus fuero*
non quieſcet dolor meus , & ſi tacuero , non diſcedet à me.
Cette douleur eſt ſi univerſellement répanduë dans
mon corps , que je n'ay aucun membre qui n'en ſoit
penetré , *& in nihilum redaƐi ſunt artus mei* ; il me ſemble à tout moment qu'on me déchire les côtez, & qu'on
répand mes entrailles ſur la terre ſans aucune commi-
ſeration, *convulneravit lumbos meos, & non pepercit, & effu-*
dit in terra viſcera mea. En un mot , il ne me reſte plus
qu'un dernier coup pour me jetter dans le ſepul-
chre, *& ſolum mihi ſupereſt ſepulchrum.*

Mais aprés tout , cet horrible ulcere qui par ſa ma-
P p iij

lignité rongeoit jufques au fond de la fubftance defon corps, & qui par fa grandeur s'étendoit depuis la plante des pieds j'ufqu'au fommet de la tête, à quoy fervit-il à la rage du demon, finon à procurer une gloire qui ne devoit laiffer aucune partie de l'ame de Job fans la combler de bonheur , comme cet ulcere n'avoit laifsé aucune partie du corps de ce Saint fans l'affliger par une plus vive douleur : *ut nimirum nihil in mente vacet à gloria , in cujus corpore nihil vacat à pœnâ.* Auffi n'entend on plus parler du demon aprés ce dernier coup dont il s'étoit vanté de renverfer la patience de Job : qu'eft il donc arrivé ? ô cruel Satan ! s'écrie faint Chryfofto-me , *quid actum eft diabole,* pourquoy vous enfuyez-vous avec honte , fans qu'on entende plus parler de vous ? *quare refugis ?* eft ce que tout ce que vous avez defiré n'a pas été accompli , *nonne facta funt quæcumque vole-bas ?* n'avez vous pas fait enlever fes troupeaux, fes bre-bis, fes bœufs, fes chameaux, *nonne interemifti ipfius greges , armenta,* &c. n'avez vous pas fait mourir tous fes enfans; ne l'avez vous pas luy-même affligé dans fa chair, *non-ne filiorum coetum perdidifti , & carnem omnem vulnerafti ?* d'ou vient donc que vous difparoiffez, & que vous vous enfuyez honteufement ? *quare receffifti ?* C'eft parce que j'ay fuccombé dans ce combat ; je n'avois affligé Job par toutes ces playes qu'afin de l'exciter au murmure , à l'impatience , au blafphême , mais je n'ay fait au contraire que le porter à benir Dieu , & que luy attirer des couronnes de gloire : *fplendidiorem reddidi inimicum , & clariorem effeci.* C'eft pourquoy ne pouvant plus fupporter le fpectacle de fon triomphe je

m'enfuis couvert de honte & de confusion , *neque enim*
blasphemavit , propter hoc enim omnia illa faciebam ; hoc non
facto nihil lucri feci. La belle chose , dit saint Gregoire , de
voir Job assis sur un fumier regnant bien plus glorieusement sur ses passions , qu'il ne regnoit dans son trône sur ses sujets ; nettoyant le pus qui sortoit de ses
playes avec un tais de pot cassé *qui testa saniem radebat*
sedens in sterquilinio ; c'est à dire , nettoyant la terre avec
de la terre , *fragmento vasis fictilis , confractum vas fictile ra-*
debat : faisant voir avec quelle autorité il avoit soumis
son corps lorsqu'il étoit en santé , par le mépris avec
lequel il traitoit son corps lorsqu'il étoit malade : *quo*
facto patenter ostenditur corpus suum quomodo sibi sanum subdi-
dit , quod & percussum sic despiciens curavit : & celuy qui
pour tout remede lenitif à ses playes , ne les netoyoit
qu'avec l'aspreté d'un pot de terre cassé , montroit bien
avec quelle mortification il avoit traitté sa chair lors-
quelle étoit saine , *quam ille mollitiem sanæ suæ carni con-*
cessit qui non vestem , non digitos , sed testam etiam vulneribus
admovit : enfin il se servoit d'un vase de terre cassé , pour
se souvenir qu'il n'étoit lui même qu'un vaisseau de terre , & afin que la fragilité de l'un lui remît dans l'esprit la
fragilité de l'autre , *testâ ergo radebat saniem ut semetipsum*   S. Chrys c. 1.
& in fragmento considerans , etiam de extersione vulneris sumeret
curam mentis. Quelle estime religieuse , & quelle pro-
fonde veneration ne devons nous donc pas avoir pour
l'ame bienheureuse de ce grand Patriarche qui regne
dans le Ciel avec les Saints les plus élevez , puisqu'il
a pratiqué une patience si heroïque sur la terre , & qu'il
a surmonté le plus redoutable ennemi de l'homme ;

Satan, cet ancien dragon, ce chef des démons, à la rage duquel il avoit été livré pour faire éclater sa vertu,
qui sans cette grande épreuve auroit demeuré cachée
aux siécles suivans, dit saint Gregoire. Pour nous en
donner une juste idée, servons-nous de la doctrine
du grand S. Augustin : il nous assûre que Satan ayant
été lié aprés la prédication de l'Evangile, sera enfin
délié à la fin des siécles : mais que ce fort armé malgré ses derniers & terribles efforts trouvera des fideles
qui luy resisteront, sans qu'il puisse endormir leur vigilance, ni triompher de leur patience, ni empêcher qu'ils
n'echappent à sa fureur ; *sed profecto tam fortes erunt, qui*
tunc primitus credituri sunt, ut illum fortem vincant, etiam non
ligatum, id est omnibus, qualibus numquam anteà vel artibus
insidiantem, vel urgentem viribus & vigilanter intelligant,
vel toleranter ferant, ac sic illi etiam non ligato eripiantur.
Ah, quelle estime & quelle veneration ne devons-
nous pas avoir pour ces Saints à venir, & que sommes-
nous en comparaison d'eux, puisque pour éprouver
leur vertu, on délicra un si formidable ennemi, nous
qui le surmontons à present avec tant de peine, tout
lié qu'il soit, *in quorum sanè qui tunc futuri sunt sanctorum*
atque fidelium comparatione quid sumus? quandoquidem ad illos
probandos tantus solvetur inimicus, cum quo nos ligato tantis
periculis dimicamus. Et c'est la gloire que le saint homme
Job a mérité par avance, puisque des le commencement du monde il a triomphé de Satan qui n'étoit pas
lié encore, & qu'il doit servir d'exemple à ceux qui
triompheront du même Satan, lorsqu'il sera délié à la
fin des siécles. Il est donc veritable que rien ne peut

égaler

De civit. Dei
20. 8.

Ibid.

égaler la grandeur des fouffrances de ce bien-heureux
homme, que la grandeur de fon courage, de fa force, &
de la lumiere interieure dont il étoit éclairé fur la conduite de Dieu dans la fanctification de fes elûs. Il protefte qu'il ne defire aucune autre confolation dans fes
douleurs, que de fçavoir que la main du Seigneur qui
l'afflige, ne l'épargnera point : *& hæc mihi fit confolatio ut
affligens me dolore non parcat ;* & il ne craint rien finon que
par la maniere imparfaite à porter fes fouffrances il n'en
arrête le cours , parce qu'il fçait que Dieu ne les lui en-
voie que pour le purifier de fes défauts, & le rendre fem-
blable à celui qui eft Saint par excellence, & qui veut le
rendre faint par l'exercice de la patience; *nec contradicam
fermonibus fancti.* Car comme obferve S. Gregoire aprés
S. Auguftin, Dieu ne paroît jamais fe fâcher davantage que quand il ne nous punit pas de nos fautes ; *mul-
tum irafcitur Deus, dum non exquirit.* La plus grande peine
qu'il exerce fur le pecheur , eft de ne lui faire fentir aucune peine: *nulla pœna, quanta pœna!* que cette efpece d'in-
dulgence eft un châtiment rigoureux , *parcendo fçvit,* au
lieu que fa juftice fur le peché eft un préjugé de mifericordé
corde fur le pecheur, *non mifereris, nifi irafcaris?* Pourquoi
donc s'étonner fi Job éclairé de cette haute Theologie
demande parmi fes douleurs , non que Dieu ceffe de lui
faire fentir le tranchant d'une rigueur falutaire , mais
qu'il continuë à couper tout ce que le peché a pû laiffer
de corrópu en lui, afin qu'il ne refte en lui rien que d'in-
corruptible, & qui ne foit déja par avance comme abfor-
bé par la vie, *electi quoque finiftris agitati fufpicionibus laborant,
ne in æternum fe gratia deferat, quos in præfenti vitâ mali fui re-*

***   Qq

tributio nulla castigat; feriri paternâ correptione desiderant, &
dolorem vulneris medicamenta salutis putant. Mais comment
la douleur auroit-elle affoibli sa confiance en Dieu, puisque la mort même ne pouvoit l'ebranler ? il declare
que quand Dieu même le tuëroit, il ne cesseroit pas d'esperer en lui, en sa bonté, en sa misericorde, sans que la
division de son ame d'avec son corps pût jamais separer
son cœur d'avec Dieu , & sans que les rigueurs de la justice divine qui s'étendroient jusqu'à détruire en lui la
vie, pussent détruire en lui l'amour dont il vouloit être
indivisiblement uni avec son Createur, ni la soûmission
qu'il vouloit porter à ses ordres jusques dans le sepul-
chre. Qui peut ne pas admirer une telle grandeur d'ame
& une foy si insurmontable ? ou qui peut être surpris de
ce que le démon qui succomba sous des épreuves infiniment moindres, n'ose plus paroître icy , & s'il aban-
donne le champ de bataille ? *quis vidit , quis audivit tam*
mirabiles pugnas , quid actum est , diabole , quare refugis ? La
violence de la tentation dont il prétendoit renverser
Job , n'a fait que mettre dans un plus grand jour la
vertu de ce saint homme , que faire éclater en lui de
plus grands exemples de sainteté , & que couvrir d'une
plus honteuse confusion son adversaire ; *nobis autem ip-*
ipsum clariorem reddidit , & per illam confessionem , ut omnes
hominem interiorem aspicerent fecit , & omnes ipsius divitias
dicerent; & hinc dæmon cum multa confusione recessit , & nul-
lam amplius vocem emisit. Toutes ces merveilleuses paroles sont de saint Chrysostome ; à quoi S. Gregoire ajoûte , que comme la patience n'éclate jamais dans la
prosperité, il semble que l'adversité n'attaqua Job que

Hom. 5. ad
Pop. Ant.

pour faire briller en lui cette vertu , & que pour faire
voir combien ce faint homme étoit détaché des biens
de ce monde au milieu même de leur poffeffion, puifque dans leur privation, fon ame ne fe courba jamais,
par les regrets de les avoir perdus, ni par la triftefle cón-
tre le Seigneur qui les lui avoit ôtez, *numquam eft pa-*
tientia virtus in profperis , ille autem veré eft patiens qui &
adverfis atteritur , & tamen ab fpei fua rectitudine non incur-
vatur. Son cœur ne fe brifa point avec les biens de ce
monde que le démon brifa, & fa fermeté loin de s'affoi-
blir par la chûte de fes biens periffables , devint plus
inébranlable au milieu de leur fragilité, *non cum rebus*
frangitur, non cum cafu gloriæ exterioris cadit , fed in hoc magis
qualis cum rebus fuerit demonftrat , quæ & fine rebus robuftior
ftat.

Enfin , comme s'il ne lui fuffifoit pas de trouver fa
confolation dans fes douleurs, parce qu'elles lui étoient
des preuves que Dieu fans l'épargner vouloit retran-
cher tout ce qu'il y avoit de corruptible en lui, comme fi c'étoit trop peu pour luy que de fe foûmet-
tre à la volonté de Dieu au milieu des tourmens les
plus atroces, s'il n'efperoit encore en fa bonté, quand
même ce Seigneur fi aimé le tuëroit de fa main , il s'é-
leve par le mouvement d'une efperance fublime au de-
là de fes cendres & des horreurs du tombeau , & malgré fa chair qui s'écouloit toute en pus & en pourriture, dit faint Auguftin , il publie qu'il porte en luy
un germe d'immoralité , & chante la gloire de fa ré-
furrection & de fon incorruptibilité future , *in ftercore*
parturiens immortalitatem intrinfecus , vermibus fluefcens ex-

trinsecus. Il défire que cette profeffion authentique de
fa foy foit gravée fur une lame de plomb avec une plu-
me de fer, ou fur la pierre avec le cizeau, afin qu'elle
fubfifte dans tous les fiecles à venir, & qu'elle ferve
d'inftruction à tous les hommes qui le fuivront, *quis
mihi tribuat ut fcribantur fermones mei? quis mihi det ut exaren-
rentur in libro ftylo ferreo, & plumbi lamina vel celte fculpan-
tur in filice.* Et fe mettant déja par avance au tems du
nouveau peuple, je fçai, dit-il, que mon Redempteur
eft vivant, & que ce divin Sauveur m'a racheté de la ty-
rannie du diable, de l'efclavage du peché, & de la mort
éternelle: *fcio enim quod Redemptor meus vivit:* & que je
reffufciterai de la terre au dernier jour, *& in noviffimo
die de terra furrecturus fum.* Que je ferai encore revêtu de
cette peau, & que je verrai non Dieu dans ma chair, *&
rurfum circumdabor pelle mea, & in carne mea videbo Deum
meum,* que je le verrai, dif-je, moi-même & non un autre, & que je le contemplerai de mes propres yeux,
*quem vifurus fum ego ipfe, & oculi mei confpecturi funt, &
non alius.* Telle étoit la ferme efperance & l'inébranlable foy qui fervoit de confolation & d'appuy à celuy
qui affis fur un fumier voyoit fon corps tomber par
pieces & par morceaux, & fon ame attaquée par les
tentations du découragement & du defefpoir, & qui
protefte cependant que cette efperance & cette foy
gravées plus ineffaçablement dans fon cœur qu'elles
ne le feroient fur une lame de plomb ou de fer, *repofita eft
hęc fpes mea in finu meo,* c'eft-à-dire, qu'elle repofe dans fon
fein comme la chofe qui luy eft la plus chere, la plus
intime & la plus précieufe, *nihil nos habere certius credi-*

mus quam hoc quod in sinu tenemus, in sinu ergo suo spem re-
positam tenuit, quia verâ certitudine de spe resurrectionis pre-
sumpsit, dit saint Gregoire.

Au reste l'évenement glorieux des deux combats prece-
dens fit bien voir l'ignorance & la temerité du ca-
lomniateur; car le bien-heureux homme Job aprés la
perte de ses biens & de ses enfans & de toute sa prosperité temporelle, n'ayant dit que ces paroles, *Dominus*
dedit, Dominus abstulit, confondit Satan qui l'avoit ac-
cusé de ne servir Dieu que par interêt, *numquid Job frus-*
tra timet Deum? ensuite aprés que sa chair eut été affli-
gée de cet horrible ulcere qui le devoroit, & ayant non
seulement reprimé les tentations d'impatience & de
murmure que le demon vouloit luy suggerer; mais
même beni Dieu dans ses douleurs, par ces paroles
humbles & soumises : *si bona suscipimus de manu Domini,*
mala quare non suscepiamus, si nous avons reçû des biens
de la main du Seigneur, pourquoy n'en recevrions
nous pas des maux, il confondit de nouveau le demon
qui n'avoit pas craint d'avancer que si Job étoit frapé
dans sa chair, il maudiroit le Seigneur en face, *tange*
os ejus, & carnem, & tunc videbis quod in faciem benedicat
tibi. Ainsi, dit saint Gregoire, cet esprit superbe & presomptueux succomba par tout : *Ecce ubique hostis frangi-*
tur, ubique superatur, per cuncta tentationum argumenta suc-
cubuit; Mais voicy un troisiéme sujet de confusion pour
luy.

TROISIE'ME CONSIDERATION.

Les deux tentations precedentes n'ayant pû é-
Q q iij

branler la conftance de Job, le demon en ajoûta une
troifiéme, qui fur la defertion de tous fes parens & de
tous fes amis qui l'abandonnerent dans fes malheurs,
afin qu'il demeurât fans fecours , fans confeil , fans
apuy , fans confolation , quoyqu'il les reclamât avec
inftance par ces paroles lamentables, capables d'atten-
drir les cœurs les plus durs & les plus infenfibles ; Ayez
pitié de moy , ayez pitié de moy, s'écrioit-il vous autrefois mes chers amis, parce que la main du Seigneur
s'eft appefantie fur moi, *miferemini mei, miferemini mei faltem
vos amici mei , quia manus Domini tetigit me*. Devenant ainfi
l'image parfaite de fon divin Redempteur delaiffé de
tout le monde dans fa paffion. Il eft vray que le demon
luy laiffa fa femme, mais ce ne fut que pour la faire fervir à fa malice & à la ruine de Job , car renouvellant
toûjours fes anciens artifices, il a recours à la femme
pour tromper l'homme, *Diabolus cum nos tentat antiquæ
artis infidias repetit, & quia fcit quomodo Adam decipi foleat ,
ad Evam recurrit.* Quoy, dit-elle à fon mari, vous êtes encore affez fimple pour demeurer dans la foumiffion envers ce Dieu que vous avez tant honoré, & qui cependant vous accable de tant de maux ? *dixit autem illi
uxor ejus , adhuc tu permanes in fimplicitate tua ?* Renoncez,
renoncez à un tel maître, & mourez de la mort des
Heros , en vous plongeant le fer dans le fein pour a-
breger une vie malheureufe & ne pas furvivre à vôtre
gloire : *Benedic Deo & morere.* Telle fut cette feconde
Eve , difent les Peres, qui vint, non afin de fervir d'ai-
de à fon mari pour mieux refifter au demon, mais afin
d'être un inftrument au demon pour perdre fon mari :

accedit uxor relicta, dit ſaint Auguſtin , *ſicut Eva adju-*
trix Diaboli, non conſolatrix mariti. Et ſans doute que cette
femme orgüeilleuſe n'avoit point profité des rares
exemples que celuy avec qui elle étoit unie luy avoit
donné pendant tant d'années qu'ils avoient vécu en-
ſemble; les richeſſes & les honneurs dont leur famille
avoit été comblée , n'avoient ſervi qu'à luy enfler le
cœur de vaine gloire, & à luy remplir l'eſprit d'une
Philoſophie toute payenne , comme il parut dans ſes
diſcours impies : ce fut ainſi que Jezabel une des plus
méchantes femmes, & des plus mondaines qui fut jamais, voyant que Nabot n'avoit pas voulu vendre l'heritage de ſes Peres à Achab , & que ce Prince le ſouf-
froit aſſez patiemment , luy dit d'un air mocqueur ,
vous étes un Roy de grande authorité , *grandis autho-*
ritatis es? Je ſçay bien le moyen de vous contenter , &
là deſſus elle complotte la trahiſon du monde la plus
noire, elle ſuſcite de faux témoins, elle fait accuſer
un innocent d'un crime qu'il n'avoit pas commis, elle
le fait perir par un cruel ſupplice , & elle met Achab en
poſſeſſion d'un heritage qui ne luy appartenoit pas; c'eſt
ainſi que les plus grands crimes ne coutent rien à une
femme quand une fois elle a perdu la crainte du Seigneur. Mais cette nouvelle Eve ne trouva pas un vieil
Adam foible & complaiſant. *Eva noya , ſed ille non vetus*   ^{de verb Ch.}
Adam, dit ſaint Auguſtin : & le demon qui avoit vaincu   ^{C 3 & 4.}
l'homme dans un paradis de delices, ſe trouva vaincu
par un homme aſſis ſur un fumier, continuë S. Gregoire
aprés ſaint Auguſtin , *Adam noſter fortis in ſterquilinio ja-*
cuit , qui in paradiſo quondam debilis ſtetit. Le ſeducteur qui

n'avoit envoyé cette femme que pour infecter de ses erreurs l'esprit du mari, se trouva confus de voir qu'il l'avoit adressée à un pedagogue qui l'instruisît de la verité: *Thesaurus sapientiæ per verba sanctæ eruditionis emanavit.* En effet, Job proferant cette belle & sainte maxime, si nous avons reçû des biens de la main du Seigneur, pourquoy n'en recevrions nous pas des maux, *si bona suscepimus de manu Dei mala quare non suscipiamus,* apprit à la femme qu'ils devoient tous deux également trouver leur consolation dans cette douce pensée, que leurs maux venoient de la main même du Seigneur, toûjours également Pere, soit qu'il punisse les pechez ou qu'il éprouve la fidelité de ses enfans, soit qu'il les comble de ses faveurs; & cet homme éclairé, toûjours plein de douceur & de prudence, malgré les amertumes & les angoisses qui le devoroient, garda un sage temperament dans la correction qu'il fit à son épouse, car il ne rejetta pas sur son sexe en general les folies qu'elle venoit de proferer; mais sur celles d'entre les femmes en particulier qui éteignoient en elles les raions de sagesse dont le Createur les avoit avantagées, pour suivre les égaremens de leur propre esprit. *Quia enim sensus pravæ voluntatis mulieribus, non autem sexus in vitio est, nequaquam ait, locuta es quasi una ex mulieribus, sed quasi ex ineptis mulieribus : ut videlicet ostendatur quia quod pravum sapit mulier, accidentis stultitiæ non autem sit conditæ naturæ:* Et il luy apprit de plus qu'il étoit de l'ordre que la femme écoutât l'homme, & qu'elle en reçût les avis & les instructions, & non que la femme s'érigeât en Docteur de l'homme, ainsi qu'il étoit arrivé

rivé dans le Paradis terreſtre , *quia ſanctus vir ſub-
jectam ſibi mulierem , & non præpoſitam attendit* : de cette
ſorte Job , dit ſaint Auguſtin , vainquit & le diable &
la femme : *vicit diabolum & mulierem* , redreſſant par
la ſaine doctrine l'eſprit de ſon épouſe que le démon avoit perverti par ſes erreurs , & dont il vouloit
ſe ſervir pour pervertir l'eſprit du mari : *& recta lo-
quens docuit quam ſerpens ut perverſa loqueretur inſtigavit* :
Ainſi loin que la femme de Job ſervît à la ruine de ſon
époux , Job au contraire parla pour ſervir au ſalut de ſa
femme , *& quæ excitata fuerat ut perderet , erudita eſt ne pe-
riret.* Tout ce que le demon avoit donc machiné pour
perdre Job par l'entremiſe de ſa femme , tourna
par un effet contraire à ſa honte & à leur ſalut , *& ſic
hoſtis percutitur, ut ſua ei etiam tela rapiantur:* & ce ſaint homme fit voir également & ſa patience à l'égard du Crea-
tur , & ſa ſageſſe à l'égard de ſon épouſe ; *ſciliter patientiam Conditori, ſapientiam conjugi debitam reddidit* : car,com-
me remarque ſaint Auguſtin , ce fut icy un ſpectacle
où l'on vid éclater ſur un fumier la beauté de la vertu : *ſpectaculum magnum , & in illa fæditate putredinis præ-
clara pulchritudo virtutis:* où la patience fut exercée , la
foy éprouvée , la femme rejettée , le démon ſurmonté ,
*patientia exercebatur , fides probabatur , mulier confutabatur ,
diabolus vincebatur.* Il eſt fort incertain ſi cette femme
profita des ſages remontrances de ſon mari, car nous
liſons enſuite que Job parmi ſes peines ſe plai-
gnoit de ce que ſa femme avoit en horreur ſon haleine : *halitum meum uxor mea exhorruit:* figurant ainſi la Sy-
nagogue infidelle & ſuperbe, qui refuſa de reconoî-
tre Jeſus-Chriſt pour ſon epoux , lorſqu'elle le vid ren-

dre le dernier foupir fur la Croix , & qui rebutée de l’odeur de fon humanité , & de fa mortalité , eut en horreur d’adorer comme auteur de la vie , celuy qu’elle voyoit être fujet à l’empire de la mort : *Quid uxor Domini* , dit faint Gregoire , *nifi Synagoga accipitur ? halitum ergo ejus uxor exhorruit , quia Synagoga eum quem videbat hominem, Deum credere expavit.* L’Ecriture ajoûte que Job ne pécha point dans toutes ces chofes par fes lévres, *in omnibus his non peccavit Job labiis fuis* : fur quoy il faut obfer-ver avec le même faint Docteur , que comme l’on péche en deux manieres par fes lêvres , foit en parlant, foit en fe taifant contre la Juftice , le texte facré nous fait entendre en ce lieu que Job ne pécha en aucune de ces deux manieres differentes , puifque l’orgüeil ne luy fit rien dire de mal à propos contre Dieu , ni la complaifance ne luy fit point taire l’impieté de fa femme , *quia enim fcivit quid deberet Deo , quid proximo , fcilicet patientiam Conditori , fapientiam conjugi , idcirco & hanc redarguendo docuit , & illum gratias agendo laudavit.* Il eft vrai que les peines de cette femme ne furent pas médiocres : du faîte de la grandeur & de la profperité la plus éclatante , elle fe vit réduite dans la derniere des miferes; le demon comme un tourbillon impetueux lui ravit en un moment toutes fes richeffes , & par une ruine imprevûë & foudaine, il lui fit perdre tout le fruit de fa fecondité paffée ; Ainfi ne s’étant pas fortifiée dans les temps heureux contre les mauvais jours , pour parler avec le Sage , & n’ayant pas été comme Job une de ces fourmis vigilantes qui pendant l’été ramaffent de quoi fe fuftenter pendant l’hyver, il ne faut pas s’étonner fi elle fe trouva furprife ; mais il faut s’étonner de ce que nous ne profitons point de cet exemple, ne nous précautionnant pas contre les tentations foudaines : cependant on vit en cette ocafion deux fpectacles bien differens, le corps de Job n'étoit que pourriture, & fon ame que fanté ; & le corps de fa féme n'étoit que fanté & fon ame que corruption : la fanté de l'ame de Job parut quand il dit à fa femme, fi nous avons reçû des biens de la main de Dieu, pourquoi n'en recevrions nous pas des maux : la corruption du cœur de fa femme parut, lorfqu' elle dit à fon mari : maudiflez Dieu, & donnez-vous la mort : & l'on pourroit lui apliquer tres à propos cette parole de S. Auguftin, *tu putris es intus unde ifte vermis procef-fit.* A cet abandon douloureux de fa femme fe joignit l'abandon de tous les parens : Mes freres, difoit ce faint homme defolé, qui m'étoient unis lors de ma profperité, fe font retirez de moi dans ma difgrace : ils s'en-fuyent des qu'ils me voyent avec la vitefle d'un torrent qui pafle, & qui tarit auffi-tôt, *fratres mei prçterierunt me ficut torrens qui raptim tranfit in convallibus.* N'ont-ils pas fait voir par leur conduite fi peu charitable que quoi-qu'ils en diffent, autrefois, c'eftoit ma fortune & non ma perfonne qu'ils aimoient, ou plûtôt que ce n'eft qu'eux-mêmes qu'ils aimoient : *cùm enim quis in profperitate dili-gitur, incertum valdè eft, utrum profperitas an perfona di-ligatur, amiffio autem felicitatis interrogat vim dilectionis.* Les enfans de mes enfans, & ceux à qui je tenois lieu de pere violant les droits les plus facrez, font devenus pour moy des denaturez, & loin d'ofer rien exiger d'eux, je me fuis vû réduit à les conjurer de ne me pas refufer les moindres & les plus néceflaires fervices :

& orabam filios uteri mei. Je m'étois en vain flaté que mes proches me soûtiendroient dans mes malheurs, & que j'en tirerois de la force, du secours, ou de la consolation, mais soit que la grandeur de mes maux les ait étonnez, ou que la justice de Dieu les ait écartez, ils se sont éloignez de moi comme d'un homme odieux & à charge, & pour lequel ils n'avoient que du mépris & du dédain : & non-seulement ils ont banni de leur cœur toute affection pour moi, mais ils en sont venus jusqu'à m'oublier & à m'effacer entierement de leur memoire comme si je n'avois jamais esté : *dereliquerunt me propinqui mei, & qui me noverant obliti sunt mei.* Mes domestiques ont perdu tout respect pour moi, & quand depuis mon infortune ils sont venus en ma présence, ce n'a esté que pour me traiter en inconnu & en étranger. *Inquilini domus meæ & ancillæ meæ sicut alienum habuerunt me:* J'ai appellé mon serviteur, & il n'a pas daigné répondre, *servum meum vocavi, & non respondit;* & ceux même qui ne sçavoient autrefois mes intentions que par une bouche empruntée, ont méprisé les prieres qui sont sorties de la mienne, *ore proprio deprecabar illum.* Non-seulement les infensez m'ont deshonoré par leurs détractions, *stulti quoque detrahebant mihi :* mais, helas, les sages vieillards qui composoient autrefois mon conseil, m'ont eu en execration, & celui que j'aimois le plus m'a pris le plus en aversion, *abominati sunt me quondam consiliarii mei, & quem maximè diligebam aversatus est me:* pour comble d'humiliation je suis devenu l'objet de la derision des plus viles personnes, dont autrefois je n'aurois pas daigné mettre les

peres avec les chiens de mon troupeau, *nunc autem de-*
rident me juniores tempore, quorum non dignabar patres ponere
cum canibus gregis mei. Les hommes de la lie du peuple
m'insultent impunément, & je suis devenu le sujet de
leurs chansons & l'objet de leurs railleries, *nunc in eo-*
rum canticum verfus fum, & factus fum eis in proverbium;
enfin, on me traite avec tant d'ignominie, qu'on ne
craint pas de me cracher au visage, *& faciem meam conf-*
puere non verentur. Peut-on voir un plus grand abandon
de parens, d'amis & de toutes sortes de personnes, & être un plus grand sujet d'horreur? peut-on voir
un délaissement plus affreux, un rebut plus universel?
Tel fut l'état déplorable où le demon reduisit ce saint
homme, croyant par là triompher de sa patience, & le
porter au ressentiment & à l'esprit de vangeance : mais
celui qui n'avoit point succombé à la perte de ses biens,
à la ruine de ses maisons, à la mort de ses enfans, aux
mauvais conseils de son épouse, & aux douleurs d'une
maladie cruelle, se soûtint nonobstant la desertion de
tous ceux dont il pouvoit esperer du secours ; les per-
suasions empoisonnées de sa femme n'avoient pû luy
faire trahir la doctrine de la verité ; les injures atroces
de ses amis ne pûrent lui faire blesser la délicatesse de
la charité, & malgré leur dureté inexcusable, il ne laissa pas de reclamer leur ancienne confiance, de les quali-
fier toûjours du doux nom d'ami, & parlà de les rapeller
amoureusement à leur devoir, *miseremini mei, miseremini*
mei saltem vos amici mei. En effet, dit saint Gregoire, les
méchans se convertissent, ou par l'humble douceur
des bons qui souvent les obligent à devenir bons eux-

mêmes, & par conſequent à devenir les amis des bons *dulcedine, aut convertuntur, ut redeant, & eo ipſo amici ſunt, quo boni fiunt*: ou ils perſiſtent en leur obſtination a perſecuter les bons, *aut in malitia perſeverant*: & en cela même ils ne laiſſent pas ſans le vouloir d'être amis des bons, *& in hoc quoque nolentes etiam amici fiunt*; en ce que par les afflictions qu'ils cauſent aux bons, ils leur procu-rét des biens ineſtimables, en les purifiant de leur amour propre, en les détachant des perſonnes les plus cheres, & en leur faiſant pratiquer les plus excellentes vertus, telles que la patience & l'amour des ennemis: *quia ſi bono-rum delicta ſunt, ea ſuis perſecutionibus etiam neſcientes purgant.*

A ce délaiſſement de femme, d'enfans, de freres, de pa-rens, d'amis, & generalement à ce rebut de toutes ſortes de perſonnes, ſe joignit une ſouſtraction de ces graces ſenſibles dont le Seigneur conſole ordinairement les ſiens au milieu de leurs tribulations, & dont il voulut exercer la patience & la fidelité de ſon ſerviteur pour en faire une image parfaite de J. C. ſur la Croix. Que ſont devenus, diſoit-il, ces jours heureux, où Dieu ſem-bloit prendre autant de ſoin de moi, que ſi j'avois été l'unique objet de ſes bontez! *Quis mihi tribuat ut ſim jux-ta menſes priſtinos, ſecundùm dies quibus Deus cuſtodiebat me.* que ne puis je revenir à ce premier état où ſa grace comme une lampe lumineuſe éclairant mes pas, faiſoit Que je marchois ſans crainte parmi les dangers, & ſans égarement parmi les ténébres! *Quando ſplendebat lucerna ejus ſuper caput meum, & ad lumen ejus ambulabam in tene-bris.* Loſque le Seigneur me faiſoit ſentir ſa preſence, & me faiſoit goûter ſes conſolations interieures au mi-

lieu même des occupations les plus capables de me dif-
traire, *quando secreto Deus erat in tabernaculo meo*, & que fe-
condant mes deffeins, fon pouvoir me rendoit fupe-
rieur à tout ; *quando erat mecum omnipotens :* lors que commis aux foins de fa providence paternelle, je vivois à
l'abri des infultes du démon, & que tout ce que j'en-
treprenois étoit fuivi d'une benediction abondante, &
d'un fuccés heureux : *non ne tu vallafti eum, ac domum*
ejus univerfamque fubftantiam per circuitum : operibus manuum
ejus benedixifti. Que les chofes ont changé de face ! je
vous apelle à mon fecous, ô Seigneur, & je vous
reclame par des cris lamentables, fans que vous m'e-
xauciez ! je me prefente devant vous, & vous ne dai-
gnez pas me regarder ! *Clamo ad te, & non exaudis ; fto,*
& non refpicis me : Vos anciennes bontez, Seigneur,
fe font éclipfées pour moy, & vos tendreffes fe font
changées en une inflexible dureté : *mutatus es mihi in*
crudelem, & in duritiâ manus tuæ averfaris mihi. Car, ainfi
qu'obferve faint Gregoire, les ames faintes & affligées
quoyque ftables dans la foy, ne laiffent pas de jetter
des cris dans leurs fouffrances, *perfecutionis fuæ tempore fi le*
ftant, defideriis clamant : elles fe plaignent comme fi elles
étoient delaiffées, parce que leur délivrance eft encore
differée, *dolent fe quafi non refpici dum fua vident in tribula-*
tionibus vota differri ; ne voyant pas que Dieu ne retarde
fon fecours fenfible qu'afin de les faire croître en merite, *differre folet voces petentium, ut merita petentium cref-*
cant : & qu'ainfi le Seigneur fans avoir égard à leurs
peines paffageres, leur procure des couronnes immor-
telles, *quatenus eo magis exaudiantur ad meritum, quo ci-*

tiùs non exaudiantur ad votum. Qui me fera la grace, continue ce St. desolé, que je puisse retrouver le Seigneur, & parvenir jusqu'à son trône, *quis mihi tribuat ut cognoscam & inveniam illum!* parce que l'obscurité de la foy qui le dérobe à mes yeux, ne contente point mon amour, & n'appaise point ma douleur, sa vûë seule pouvant faire l'un & l'autre : mais helas! je le cherche, & je ne le trouve pas : *aliud est cognoscere per fidem atq; aliud per speciem,* dit le même saint Gregoire, *aliud invenire per credulitatem, aliud per contemplationem :* mais quoy, tous mes efforts sont inutiles de quelque côté que je me tourne dans mes inquietudes, soit à droite, soit à gauche, je ne le trouve point : Si je jette mes régards du côté de l'Orient, je ne l'aperçois point, si je le cherche du côté de l'Occident, c'est également en vain, & il n'est en aucun lieu pour moy, *si ad Orientem iero, non apparet, si ad Occidentem non intelligam eum, si ad sinistram quid agam non apprehendam eum! si me vertam ad dextram non videbo illum.* Et ce Dieu immense & present par tout, ce Dieu qui remplit le ciel & la terre, est toûjours absent & invisible pour moy en quelque lieu que je sois, & de quelque côté que je me tourne ; au lieu des doux attraits de son amour qui m'occupoient autrefois, je n'éprouve à present que des terreurs qui m'effraïent sans cesse ; *terrores Domini militant contra me ;* & comme si j'avois oublié ses anciennes misericordes qui faisoient la douce esperance de ma vie, je ne suis occupé que du souvenir amer des péchez de ma jeunesse, de la rigueur de ses jugemens sur les justes mêmes : & sans cesse je suis percé des traits de son indignation sur les pecheurs mes semblables ; *quia sagittæ*

*gittæ Domini in me funt , quarum indignatio ebibit fpiritum
meum* : de là vient que je fuis eftraye quand je me mets
en fa prefence , & que quand je le confidere je fuis faifi
de crainte , *& idcirco à facie ejus turbatus fum , & confi-
derans eum timore follicitor.* Mais, ô bien-heureux Job ! s'é-
crie faint Gregoire , puifque vous êtes accablé de tant
de maux, que craignez vous pour l'avenir ? *O Beate Job !
inter tot flagella pofitus , cur adhuc flagella formidas ?* On ap-
prehende des maux quand ils doivent venir , ils font
venus , & vous craignez encore ; *malum timeri debet quod
necdum fufceptum eft , tu in tanto pofitus dolore quid metuis ?* A
quoy il nous répondra avec tous les Saints , qu'il ge-
mit tellement des maux de cette vie prefente , qu'il
tremble dans la vuë des maux que la juftice divine peut
luy faire fouffrir en l'autre : *jam perpendo quæ patior , fed
adhuc formido quæ pati poffum :* & que comparant fa pre-
tenduë juftice avec la rectitude fouveraine , il fe
trouve infiniment éloigné de la droiture que le Sei-
neur exige de luy ; *& ejus rectitudinis pavore concutitur dum
fe reddendis rationibus confpicit idoneum non effe, fi diftricte judi-
cetur.* Ainfi le Jufte pleure d'ennui de fe voir dans le trifte
exil de cette vie , & fremit d'horreur dans l'incertitu-
de s'il arrivera à la celefte patrie : *Juftorum mens non folùm
perpendit quod tolerat, fed etiam pavet quod reftat , videt qua-
lia in hac vita patitur , metuit ne poft hanc graviora patiatur :
luget quia hujus cæcitatis exilio à Paradifi gaudiis cecidit , timet ne cum exilium relinquetur , mors æterna fubfequatur.*

Telles étoient les frayeurs de ce pieux Roi d'Ecoffe ,
dont l'Hiftoire Ecclefiaftique nous a confervé la memoire. C'étoit un Prince orné de toutes les plus rares

qualitez qui peuvent rendre un homme de ce rang
recommandable ; il estoit à la fleur de son âge, bien-
fait de sa personne, & comblé de richesses : cependant
touché de Dieu d'une façon particuliere, il renonça
volontairement à toutes les grandeurs, pour s'aller
renfermer dans un Monastere où l'on menoit une vie
tres-penitente & tres-austere : lequel enfin aprés plu-
sieurs années arrivé à l'heure de la mort, fut frapé de
terreur à la vûë du jugement rigoureux qu'il alloit su-
bir; *qui, cum beatæ vitæ studio incensus, domui, patriæ, for-*
tunis, regioque splendori cessisset, & in abstrusum se monasterium
abdidisset, atque opes quibus abundaverat, cum monasticæ vi-
tæ austeritate commutasset, morti jam proximus & adventan-
tis judicii terrore perculsus. O mort, disoit-il, pourquoy
m'effrayez-vous ? ô rigueur des jugemens de Dieu,
pourquoi m'épouventez vous ? puis se laissant aller à
des sentimens de confiance & d'amour, il adressoit à
Jesus-Christ ces paroles ; Seigneur, j'ai fait ce que vous
avez ordonné, accomplissez ce que vous avez promis,
feci Domine quod jussisti, fac tu quod promisisti, comme s'il
eut dit : j'ai obéi à la voix de celuy qui nous dit dans
l'Evangile, allez, vendez tout ce que vous avez, & me
suivez; pourquoy douterois-je donc que le Seigneur ne
m'admette à la participation de ses tresors celestes ?
Ces saintes frayeurs communes aux plus grands Saints,
se trouvoient en Job dans un degré d'autant plus ex-
trême, qu'il étoit plus dénué de toute consolation hu-
maine & divine, & que ne trouvant aucune force en
lui-même, il se voyoit livré aux tentations de decoura-
gement & de desespoir, *quæ est enim fortitudo mea ut su*

ftineam, aut quis finis meus ut patienter agam? Ecce non eſt au-
xilium mihi in me , & neceſſarii quoque mei rceceſſerunt à me,
Mais Job au travers de tant de peines & de déſolations,
loin de perdre courage ce que Satan prétédoit, fait cette
proteſtation: Je prends à témoin le Dieu vivant, le tout-
puiſſant qui a rempli mon ame d'amertume, que tant
que j'aurai un foufle de vie ; & que je reſpireraï l'air
qui m'environne , je protefte , diſ-je , que mes lévres
ne prononceront rien d'injuſte , & que ma langue ne
proferera rien de mal - à - propos contre Dieu , *addi-*
dit quoque Job aſſumens parabolam ſuam & dixit, vivit Deus
qui abſtulit judicium meum , & omnipotens qui ad amaritudinem
adduxit animam meam , quia donec ſupereſt halitus in me , &
Spiritus Dei in naribus meis , non loquentur labia mea iniqui-
tatem, nec lingua mea meditabitur mendacium.

Le dernier trait de la vertu de Job aprés avoir perdu
ſes biens , ſes enfans , ſa ſanté ; éprouvé l'ingratitude
de ſa femme & de ſes parens ; aprés s'être vû privé des
conſolations ſenſibles du Seigneur, & livré au découragement au ſouvenir effrayant de ſes pechez , & à la
crainte des Jugemens de Dieu , fut de trouver dans
trois ou quatre amis qui lui reſterent, des cenſeurs in-
juſtes de ſa vie: qui pleins d'un eſprit de contradiction ,
étoient capables d'exciter en lui des ſentimens de dépit
& de colere, loin d'adoucir ſes maux, de le conſoler dans
ſes afflictions , & de le porter à la ſoûmiſſion dûe aux
ordres de Dieu. Sur quoi les ſaints Peres obſervent
qu'ils furent : premierement la figure des méchans qui
depuis le commencement du monde ont été les perſe-
cuteurs des bons , & qui le feront juſqu'à la fin des

fiécles. Car aprés quelque compaſſion apparente qu'ils
luy témoignerent dans leurs premiers entretiens, ils ſe
laiſſerent aller à des reproches ſanglans, & à des accuſa-
tions atroces ; aſſemblez autour de luy, & ſans reſpec-
ter le fumier ſur lequel ce ſaint homme faiſoit éclater
tant de vertus, ils lui dirent qu'il eſtoit un docteur d'i-
niquité, & qu'il meritoit d'être mis au rang des blaſphe-
mateurs, *docuit enim iniquitas tua os tuum, & imitaris linguam
blaſphemantium ;* qu'il perdoit ſon ame dans ſa fureur, *qui
perdis animam tuam in furore tuo,* que ſa malice étoit infinie,
& ſes iniquitez ſans nombre, *propter malitiam tuam pluri-
mam, & infinitas iniquitates tuas,* qu'il avoit ravi le bien
à ſes propres freres contre toute juſtice, & dépoüillé
de leurs habits les plus miſerables, *abſtuliſti enim pignus
fratrum tuorum ſine cauſa, & nudos ſpoliaſti veſtibus,* qu'il
avoit refuſé à boire à celui qui preſſé de la ſoif & abbatu
de laſſitude, luy demandoit de l'eau, *aquam laſſo non de-
diſti,* & qu'il avoit ôté le pain de devant le famelique, *&
eſurienti ſubſtraxiſti panem,* qu'il avoit envahi violemment
les biens d'autrui, & qu'il s'en étoit emparé par force,
*in fortitudine brachii tui poſſidebas terram, & potentiſſimus ob-
tinebas eam,* qu'il avoit renvoyé la veuve ſans lui rendre
juſtice, & qu'il avoit accablé de travaux l'orphelin, *vi-
duas dimiſiſti vacuas, & lacertos pupillorum comminuiſti,* & qu'
c'étoit en punition de tant de crimes qu'il avoit commis, qu'il eſtoit tombé dans les angoiſſes extrêmes où
il ſe trouvoit réduit, *propterea circumdatus es laqueis, &
conturbat te formido ſubita.* Qu'il eſtoit dur à un homme
de bien de ſe voir ainſi déchiré par ſes meilleurs amis !
quelle augmentation de douleur pour luy ! quel fonds

de patience ne devoit-il pas avoir pour soûtenir tant
de calomnies, sans s'abandonner à l'indignation & à
la colere ; cependant sa patience fut invincible, & ses
pretendus amis luy insulterent impunément, ainsi que
parle l'Ecriture dans un autre endroit, sans qu'il marquât aucun ressentiment de leur inhumanité ; *nam sicut* Tob. 2. 13.
beato Job insultabant Reges. Mais quoi, il devoit être
l'image de celui qui seroit un jour maudit en l'ar-
bre de la Croix, sans rendre malediction pour malediction, *qui cum maledicebatur non maledicebat*, & que l'on
metroit au rang des scelerats, *& cum sceleratis reputatus
est.*

En second lieu, ces amis simulez étoient la figure
des heretiques qui affligent & qui tourmentent l'Eglise, ainsi que Job le fut de la même Eglise combatuë &
persecutée par ces sortes d'Apostats qui se separent
d'elle, suivant la pensée de saint Gregoire & des saints
Peres : l'erreur de ces ennemis de la verité consistoit
en ce qu'ils se persuadoient qu'un homme dés-lors
qu'il estoit malheureux, estoit coupable ; ces hommes
charnels regardant la felicité temporelle comme le prix
de la vertu, & la misere de cette vie comme le châtiment
du vice ; de sorte que voyant Job accablé de calamitez ;
ils concluoient qu'il étoit infailliblement coupable
d'un nombre infini de crimes, maxime fausse & erronée
des Juifs charnels, que Job déja Chrétien & éclairé d'une
lumiere plus pure, & d'une sagesse plus haute, com-
battoit avec force, se persuadant même pour la mieux
détruire, & pour mieux autoriser le contraire, qu'il
pouvoit sans blesser l'humilité, alleguer l'innocence

S f iij

de sa vie, la multitude de ses bonnes œuvres, sa religion envers Dieu, & sa charité envers le prochain, d'autant plus qu'en prouvant son innocence, il prouvoit celle de Jesus-Christ saint & souffrant dont il étoit l'image: ainsi l'apologie qu'il faisoit de sa vertu etoit plûtôt l'apologie de la sainteté de J. C. que l'apologie de son propre mérite; ce que ses injustes & aveugles amis, & ces prudens du siecle regardoient comme une présomptueuse ostentation, & comme l'effet d'un orgüeil insensé. Job fut donc une illustre image de J. C. persecuté & dans son corps naturel, & dans son corps mystique, dit S. Gregoire: *beatus ergo Job venturi cum suo corpore typum Redemptoris insinuat:* de même que sa femme le fut des hommes charnels qui deshonorent l'Eglise par leur esprit impie & par leur vie sensuelle, & que ses amis qui soûtenoient une doctrine erronée le furent des heretiques qui la combattent par leurs erreurs, continuë le même Pere: *uxor vitam carnalium designat: amici verò ejus hæreticorum figuram exprimunt:* d'où vient qu'ils sont appellez des fabricateurs de mensonges & des esprits infectez par de faux dogmes, & par des nouveautez pernicieuses: *fabricatores mendacii, & cultores pravorum dogmatum.*

Enfin, ces injustes adversaires de Job nous representent les Juifs obstinez dans leurs pechez qui ne voulurent pas reconnoître Jesus-Christ sous le voile de ses douleurs, & qui cependant seront un jour reconciliez au Seigneur par l'oblation du même sacrifice de la Croix qu'ils ont combattu, lorsque comme à Job on rendra au Sauveur le double de tout ce qu'il a perdu

par l'apoſtaſie de ce peuple juſqu'à preſent rebelle.
Voicy comme ſaint Gregoire s'en explique, & avec
lequel nous finirons cette Homelie que nous avons "
commencée avec luy: Et le Seigneur redonnaà Job le "
double de tout ce qu'il avoit perdu, *addidit Dominus* "
omnia quæcumque fuerant Job duplicia: en effet, dit ce Pe- "
re, ſi l'Egliſe ſainte perd à preſent beaucoup de "
ſes enfans dans les tentations, elle les recouvrera avec "
uſure à la fin des ſiecles, lorſque la plenitude des Gen- "
tils eſtant entrée dans ſon ſon ſein, elle verra tout ce "
qui ſe trouvera de Juifs y accourir en foule: d'où vient "
qu'il eſt écrit, qu'aprés que l'Egliſe des Nations aura "
trouvé le ſalut, tout Iſraël ſera ſauvé: & la verité mê- "
me nous aſſûre dans l'Evangile qu'Elie viendra, & "
qu'il rétablira toutes choſes; car il eſt vrai que l'Egli "
ſe a maintenant perdu les Iſraëlites n'ayant pû les con- "
vertir à la foy: mais comme elle les recüeillera par la "
vertu des predications de ce grand Prophete, on peut "
dire qu'elle recouvrera alors avec plus d'abondance "
ce qu'à preſent elle n'a pas ramaſſé, *ſancta quippe Eccle-* "
ſia etſi multos nunc perſecutione tentationis amittit, in fine tamen "
ſæculi ea quæ ſua ſunt duplicia recipit, &c. Les freres & les "
ſœurs de Jeſus-Chriſt viendront à luy, continuë ce "
grand Pape, lors qu'à la fin du monde tout ce qui ſe "
trouvera de Juifs ſe convertira à luy: car alors il ſera "
vray de dire qu'ils s'en approcheront, quand éclairez "
par la lumiere de la foy, & émûs d'un tranſport divin, "
ils accoureront d'abord à luy; alors ils feront un ce- "
lebre feſtin, quand ils reconnoîtront avec joye ſa di- "
vinité, & qu'ils s'en nourriront: alors dans ces derniers "

,, temps tous les Ifraelites embrafferont en foule la foy
,, de Jefus-Chrift, & reclameront la protection de celui
,, qu'ils ont eu en horreur, & ce fera enfin alors que par
,, l'affemblée & le concours de tant de peuples differens,
,, on fera ce grand feftin dont il eft icy parlé.

,,   Qu'il eft agréable & confolant, dit encore le même
,, Saint, de confiderer des yeux de la foy, ce dernier fef-
,, tin que fera l'Eglife au retour du peuple Juif converti
,, à Jefus-Chrift! Ce fera Elie qui invitera les conviez à
,, ce grand banquet: car les Juifs commençant d'ouvrir
,, les yeux par l'approche du jour du jugement, ou à la
,, voix de ce grand Precurfeur du fils de Dieu, ou par les
,, prodiges qui devanceront ce dernier jour, & l'avene-
,, ment du Sauveur, reviendront de leurs erreurs: &
,, quoyqu'au tems de l'Antechrift, la pieté des fideles
,, femble en quelque façon ralentie; quoy que les grands
,, combats qu'il faudra rendre contre ce perdu, glacent
,, le cœur des plus fervens; fortifiez par la predication
,, d'Elie, non feulement les fideles demeureront invio-
,, lablement attachez à l'Eglife; mais même plufieurs
,, d'entre les infideles fe convertiront à la foy, en forte
,, que le refte de la nation Juive, qui dabord avoit été re-
,, jettée à caufe de fon obftination, accourra au fein de
,, nôtre Mere la fainte Eglife, tranfportée par les mou-
,, vemens d'une pieté incomparable: d'où vient qu'il eft
,, icy fort à propos ajoûté, que le Seigneur benit Job, en-
,, core plus à la fin de fes jours qu'il n'avoit fait au com-
,, mencement (*Venerunt autem ad eum omnes fratres fui &*
univerfa forores fua & cuncti qui noverant eum prius & co-
mederunt cum eo panem in domo ejus) tunc quippe fratres fui

ac sorores ad Christum veniunt quando ex plebe Judaicâ quot-
quot inventi fuerint, convertuntur. &c.

Saint Gregoire finissant ses morales sur Job , man-
doit à saint Leandre Evêque de Sevile, à la priere duquel il les avoit composées , & à qui il les adressoit, que
pendant ce travail il avoit toûjours été tourmenté par
diverses maladies douloureuses; & c'est aussi ce qui nous
est arrivé , si nous l'osons dire , pendant tout le tems
que nous nous sommes appliquez à la composition de
cette Homelie : comme si le démon ne pouvoit supporter qu'on renouvellât sa confusion , & le triomphe
de Job , sans faire sentir à ceux qui s'y employent, les
effets de sa rage contre la memoire de ce bien-heureux Patriarche : ou peut-être, dit saint Gregoire , que
ça été par un effet de la divine providence , que s'étant
engagé à exposer les afflictions de Job, il se seroit trouvé
luy-même affligé , afin què le sentiment de ce qu'il
souffroit le mit en état de mieux comprendre la disposition , & de penetrer plus parfaitement dans l'esprit
de celuy que Dieu avoit éprouvé par des souffrances si
terribles : *& fortasse hoc divinæ providentiæ consilio fuit , ut*
percussum Job percussus exponerem , & flagellati mentem per
flagella sentirem.